1180石橋山

封印された頼朝の軌跡

花上雅男
Masao Hanaue

冬花社

1180石橋山——封印された頼朝の軌跡

目次

【第二章】石橋山合戦の歪んだ鏡像『吾妻鏡』

【第二章】もう一つの記録『延慶本平家物語』

【第五章】新たな逃走ルートを巡る推理

序文――歴史の夢に真実を

小島瓔禮

ドイツのグリム兄弟は、口伝えの物語であるメールヘン（昔話）の庭に、豊かな花をいっぱい咲かせました。その『子どもと家庭の昔話』第一巻（一八一二年）に続いて第二巻（一八一五年）をまとめたすぐ翌年、一八一六年には、すでに十数年来資料を集めてあったという『ドイツ伝説集』の第一巻*を刊行しています。ドイツに古くから伝わったザーゲ（史伝）集です。

こうした言い伝えに歴史資料としての意義を見だし、重視する文化史学を築いたグリム兄弟は、その第一巻の「序文」で、次のように語っています。「故郷というものによって何びとにも一個の守護霊がつけられている」「この慈しみ深い道連れとはすなわち童話《メールヘン》、伝説《ザーゲ》、歴史《ゲシヒテ》という無尽蔵の宝のことである」。それは人間の存在を立証するための、過去を語る数々の物語のことです。

メールヘンは柔らかい心の世界ですが、ザーゲはしっかりとした人生の舞台であり、ゲシヒテはかけがえのない真実です。著者の花上雅男《はなうえまさお》さんは、郷里の中津川の中流域に広がる玉石河原に咲く、シオンやアスターの仲間のカワラノギクの花から、先祖の史伝に思いをはせます。源頼朝に花をささげたという物語が、どのような経緯で生まれたのか、土台をなす歴史の真実を求めて、論理の筋道をたどろうとしています。まさに大地に深く根を張る、その守り神のなせる技かもしれません。

鎌倉将軍の源頼朝が愛川町の地に来たなどとは、ただの作り話かもしれません。でも、日本中、どこにでも、頼朝の来訪譚があるわけではありません。とすると、そんなことが伝わっているのにも、それなりの歴史があるかもしれません。その土台をなすゲシヒテとは、どのような事実であったのか。それを著者は、壮年期に打ち込んだ現代人の意識や行動を探るマーケティング・リサーチの技術の思いを込めて、メールヘンやザーゲをゲシヒテへと追求する作業を試みました。一つのささやかな事実を、貴重な過去の歴史へと深めていく作業です。それは正しい論理を踏まなければ、到達できません。

この試みを支えるような資料も、ないわけではありません。中津川の流れる相模《さがみ》国愛甲《あいこう》郡の地と、源氏とのゆかりを伝える文献です。塙保己一《はなわほきいち》編『続群書類従』巻百六十六「小野氏系図」に見える十九代、横山野大夫隆兼《よこやまやたいふたかかね》は、六条判官殿《ろくじょうほうがん》(源 為義《みなもとのためよし》)の御代官の愛甲内記平大夫《あいこうのないきへいたいふ》を討ちますが、後に咎《とが》はないと許されて、為義から愛甲荘《あいこうのしょう》をたまわったとあります。為義は、愛甲荘を、父義家《よしいえ》から源家相伝領として継承していたという推測もあります。

　これは、後世の系図上での記述ですから、生の記録ほどの証明力はありませんが、源頼朝の祖父の為義が、愛甲荘を領有していたという伝えがあったというだけでも、興味深い情報です。しかも、この愛甲内記平大夫の殺害事件に関連する記事は、当時の公卿の日記にもいろいろ見えています。ただただ、系図の記事がでたらめであるともいえません。日記類を重ねると、愛甲内記平大夫とは内記太郎のことで、相模守藤原宗佐《さがみのかみふじわらのむねすけ》の目代《もくだい》(国司の代官)その人ということになります。『中右記《ちゅうゆうき》』天永《てんえい》三年(一一一二)十二月二十三日の条に、相模守《さがみのかみ》藤原宗佐が、任国で卒去したとあります。その目代が、わずか二箇月余りの後に殺害されているのです。相模守の死をうけて、隆兼がその目代を殺害し、為義から愛甲荘をたまわったとすれば、為義は相模国の愛甲荘の実権を強めることになるにちがいありません。

　鎌倉時代に入ると、相模国に熊野山領《くまのさんりょう》である愛甲荘《あいこうのしょう》があったことを明示する記録が登場します。寛元《かんげん》元年(一二四三)七月二十八日の文書です。藤原(山内首藤《やまのうちすどう》)清俊《きよとし》が、母の鶴熊《つるくま》から譲与された熊野山領相模国愛甲荘の領主職《りょうしゅしき》などを、幕府から承認されたときのものです(『厚木市史』

中世資料編　平成元年)。清俊は備後国地毗荘《ちび》を中心に発展した御家人山内首藤氏の第四代総領時通の弟です。愛甲荘が母の鶴熊まで、どのように伝わって来たかは明らかではありませんが、愛甲荘というと思い出すのは、横山隆兼の家譜です。源為義が隆兼に愛甲荘を給したとありました。それにもなにか根拠があるとすれば、いろいろ思い当たることが指摘できます。

第一に、「山内首藤《やまのうちすどう》系図」(『続群書類従』巻百四十九)を見ると、山之内首藤氏と源為義との関係が近いことがうかがえます。たとえば、山内首藤資通《すけみち》の姉は、為義の乳母《うば》であるといいます。『吾妻鏡《あづまかがみ》』治承《じしょう》四年(一一八〇)十一月二十六日の条には、石橋山の合戦で源頼朝に弓を引いたかどで山内首藤経俊《やまのうちすどうつねとし》が斬罪に処せられようとするとき、頼朝の乳母であった経俊の老母が、わが子の命乞いをする場面がありますが、ここでも、為義の乳母であって以降、源家に忠節をつくしてきたと主張しています。源為義と山内首藤家とのゆかりは、無視できません。山内首藤家への愛甲荘の継承は母方からでしたが、ここでいう為義との縁りも女系です。なにか愛甲荘の背後に、そういう力が働いていたのかもしれません。

そこで思い合されるのは、藤原清俊が領主職を承認された愛甲荘は、はっきりと熊野山領であったことです。実は、源為義は、熊野山の信仰を統括する熊野別当家《くまののべっとうけ》と姻戚関係にありました。『熊野別当系図』(『続群書類従』巻百六十三)には、第十九代別当法印の行範《ぎょうはん》の妻は為義の女であると記し、第二十代別当の那智《なち》執行《しゅぎょう》法眼《ほうげん》の範誉《はんよ》には、母は六条判官為義の女《むすめ》であると見えます。ここに具体的に現われているように、武家は「家」は男系を守りながら、宗教的権威は女系によっていたのかもしれません。山内首藤家の藤原清俊に熊野山領の愛甲荘を譲った母の鶴熊も、熊野山ゆかりの出身であったかもしれません。

そこで、横山隆兼に愛甲荘を与えたという源為義が「熊野別当系図」では第十九代の行範の舅《しゅうと》であり、藤原清俊のときに愛甲荘が熊野山領として文書に現れるという経緯から推理すると、為義に続く源氏の正統が愛甲荘を伝領し、それが熊野山に寄進されていたということも当然想定できます。鎌倉時代、愛甲荘として具体的に記録に登場してくる地域は、愛甲郡のうちでも、西南寄りの玉川水系の村々に片寄っていますが、それは逆に見れば、東北寄りの中津川水系の土地には、いち早く別個に、熊野山領として愛甲荘が確立していた証拠かもしれません。しかも古さも、鎌倉幕府を築く源頼朝の祖父にあたる為義の代にまでさかのぼるとみることもできます。

われわれは、八菅山修験《はすげさんしゅげん》が栄えた神奈川県愛甲郡愛川町の旧八菅《はすげ》村の山地から、旧角田《すみだ》村の屋形山《やかたやま》を経て北方の丹沢《たんざわ》山地の山々にかけて、平安時代後期にさかのぼる経塚《きょうづか》が点在していることを知っています。そこは、八菅山修験が入峰《にっぽう》する行場《ぎょうば》の広がりとも重なると同時に、平安時代初期に、現在の海老名市にあった相模国の国分寺に拠る行者《ぎょうじゃ》の修行地でもあったかと思えます。後に修験道《しゅげんどう》廃止まで続いた八菅山修験は、そうした歴史を背景にしていました。

いまここに、実在する経塚信仰の跡に加えて、八菅山を含む現在の愛川町中津《なかつ》地区に生きて来た、地元の熊野権現《くまのごんげん》の来歴の伝えを加えることができます。それは、八菅神社の前身である八菅権現《はすげごんげん》社の造営年から推して十五世紀以前にさかのぼると考えられる時代、中津地区の東南部にあたる字《あざ》「吹上《ふきあげ》」に、壮大な七堂伽藍《しちどうがらん》を擁した熊野権現があったといいます。

戦国時代、戦火にかかって三日三晩燃え続けたと伝えます。美しくも悲しい戦国絵巻にも思えますが、吹上は中津川の河岸段丘上に広がる平坦な台地で、南東には、何十メートルもある崖の下に、川に沿って水田が続く字「坂本《さかもと》」が開け、中世以前からの名刹の地をしのばせます。地元中津地区出身で、明治三十一年生まれの中村昌治《なかむらしょうじ》先生によると、吹上には、立派な建造物をしのばせる大きな礎石がいくつも残っていたそうです。吹上の熊野権現が焼失した後、いまの八菅神社の地に遷座したといいます。

坂本には、現在、村の鎮守のように天野《あまの》神社があります。江戸時代には、天野明神と称して、八菅山修験の雲台坊《うんだいぼう》が管理していました。もともと吹上にあった熊野権現の鎮守社で、権現が遷座するとき、せめてこの社だけは残してくれということで、ここに留まったといいます。天野社とは、紀伊《きい》国伊都《いと》郡天野《あまの》荘上天野村に鎮座する、天野《あまの》社に由来するそうです。その現在の所在地名は、和歌山県伊都《いと》郡かつらぎ町上天野になっています。主祭神は古来、丹生都比売《にうつひめ》の大神とし、社名も、明治以降は、丹生都比売神社としています。高野山金剛峯寺の山麓にあたり、この神が弘法大師に金剛峯寺の地を譲ったといわれ、後世、高野山が無住になったときは、金剛峯寺の事務を扱う政所《まんどころ》もここに置かれていました。神仏一体の聖地でした。現在は、ユネスコ世界文化遺産になっています。

この紀州の天野社と吹上の熊野権現の信仰とがかかわっていたことは、そこが共通して、京都の聖護院《しょうごいん》に拠点を置く、最古の修験者の組織である葛城《かつらぎ》修験の修行の道場であったことに、よくあらわれています。行場《ぎょうば》をめぐる準備を整える出発地になっていた点でも一致していました。八菅山修験も、吹上の天野明神で巡峯の用意をととのえ、いま八菅神社が鎮座する場所にあった国峯灌頂堂《かんちょうどう》を行所三十所七宿の第一番の禅定《ぜんじょう》宿として、山々を回峯しました。こうして吹上の熊野権現の跡をたどってみると、行所第三番の館山《やかたやま》を含め、この地域が、熊野山領愛甲荘の地であったとみえてきます。

愛川町の歴史に詳しい中村昌治先生は、八菅山の寺領と伝えられる地域が、その愛甲荘に相当すると考えられるといいます。東は相模川、西は仏果山《ぶっかざん》・経ヶ岳《きょうがたけ》・華厳山《けごんざん》・高取山《たかとり》（荻野村）

の連山、南は厚木市中依知の牛窪坂《うしくぼざか》、北は三増峠《みませとうげ》の連山と、方七里（六丁一里）の広さであったと伝えます。この地が源頼朝の祖父に当たる為義以来の源氏の支配地であったとすれば、これらの地域の人々にとって、源家への思いは深かったにちがいありません。

数年前、花上雅男さんが、生まれ故郷の田代村に伝わる花上姓の起源譚から、石橋山の合戦前後の空白の多い時期の源頼朝の伝記の検証をしてみようと思い立ったころ、私の知識は、若いときに試みた、『平家物語』諸本の比較検討をした、文学史の成果程度しかありませんでした。しかし、花上さんと頼朝の伝記のあいまいな部分について語り合っているうちに、少しずつ私の思いも進歩しました。

地元の愛川町中津にある投稿雑誌『やまゆり』を発行する「神奈川ふだん記」の会は、もともとこの地に栄えた、八菅山修験の指導者格の宝喜院《ほうきいん》に嫁いで来た足立原美枝子《あだちはらみえこ》さんが始め、嫁に当たる美智子《みちこ》さんが継承しています。縁あって私も『やまゆり』第六八号（二〇〇九年）から、誘われるままに八菅山修験についての記事の寄稿を続けていますが、はからずも、最新の第八七号（二〇一八年一一月）には、「八菅信仰史のエチュード」を執筆しました。

自分自身おどろいたのは、史料を整理しているうちに、八菅山の神をまつる八菅神社の前身の熊野権現は、源頼朝の祖父に当たる為義の所領であった熊野山領の愛甲荘の鎮守であった可能性があることがわかってきました。まったく予想だにしないことでした。そこで、花上さんの構想の背景になるよう、『やまゆり』次号に書く予定の高野山麓の天野社の歴史的意義を含めて、ここに「序文」として執筆しました。本書が、歴史を読み解く新しい方法への刺激になることを願っています。

＊――桜沢正勝・鍛治哲太郎訳『ドイツ伝説集』上巻（人文書院・一九八七年四月）

小島瓔禮◉こじま・よしゆき
民俗学・日本古典文学専攻。琉球大学名誉教授。一九三五年生まれ。愛川町半原出身・居住。國學院大學文学部卒・同大学院博士課程修了。著書・編著に、『神奈川県語り物資料』『武相昔話集』『校注風土記』『琉球学の視角』『日本の神話』『中世唱導文学の研究』『日本霊異記』『蛇の宇宙誌』『人・他界・馬』『太陽と稲の神殿』『猫の王』『歌三絃往来』ほか。
NPO法人　愛・ふるさと　初代理事長

はじめに

石橋山の戦いは平安末期の出来事だが、この時代にはめずらしく史書『吾妻鏡』や『延慶本平家物語』に詳細な歴史が残されている。

これらの史書によると、戦いは治承四年(一一八〇)八月二十三日の夕刻から小田原と真鶴の中ほどにある石橋山で始まり、この戦に敗れた源《みなもとの》頼朝《よりとも》は、数日の空白期間を経て真鶴から海に出て二十九日には房総の安房に渡っている。

ところが、神奈川県愛甲郡愛川町には、この石橋山の戦い後の逃走経路について、史書と真っ向から対立する説話が存在する。頼朝は石橋山の戦いのあと、丹沢山地の東、相模川の上流域にある愛川町に忽然《こつぜん》と現れたというのである。

私はこの愛川町に生まれ育った。そこで、町の頼朝伝説を改めて歴史の一コマとして見直してみたくなり、町の伝説を仮説として石橋山の歴史の虚実を探ってみることにした。

その結果、今日の歴史の基となる『吾妻鏡』や『延慶本平家物語』の石橋山の記述には、多くの不可解な記述があることを気づかせてくれた。

愛川町の頼朝伝説を仮説とすると、『吾妻鏡』にみられる日程の空白は本来の逃走路を走破するために必要とされる期間であり、意図の曖昧な記述は隠したい歴史の在処《ありか》にヒントを与えるものであった。後の頼朝の褒賞は、隠していた逃走経路の存在をあぶりだしてくれた。また『延慶本平家物語』の数々の挿話は虚構性に富んだ物語（譚《たん》）ではなく、遠まわしに事実を伝える諷《ふう》示《じ》として解釈することができた。

それらは石橋山の歴史が、頼朝や頼朝を取り巻く武将たちによる、事実の意図的な隠ぺいやかん口令の下に生まれた書であることを示唆するものだった。

本書では頼朝がたどった経路と経路上の出来事の解明にこだわる。頼朝は、石橋山の敗退と退路からの復活を通して別人のようになったと評されているが、これは石橋山での綱を渡るように緊迫した逃走体験が、大将軍となる頼朝の精魂を奮い立たせたと思うからだ。

頼朝の逃走ルートと想定される地域は、歴史と自然に満ちている。私は、石橋山、しとどの岩屋、箱根山、愛川八菅山、江ノ島、房総の鋸南町（源頼朝上陸地）などを回り、当時を偲んだ。

いずれも自然に恵まれた風光明媚なところであり、頼朝ゆかりの地として当時の情景が想起される。

本書が石橋山の戦いの歴史を見直すきっかけとなる事を期待すると同時に、「頼朝復活街道」ともいえる逃走ルートへの関心が高まり、多くの人が訪れて自然や史跡の魅力を肌で感じていただく事を願うものである。

第一章——遠く離れた村里での出来事

石橋山から遥かに離れた村里に、源《みなもとの》頼朝《よりとも》が石橋山合戦で敗れたあと、この地を訪れたという伝説が残されている。

本章ではその村の頼朝伝説を紹介し、史実としての限界と可能性を探る。その上で、この説話を石橋山の戦いの真実を探る仮説として用意しようと思う。

1――愛川町に残る頼朝伝説

◉頼朝伝説の現状

愛甲郡愛川町は、神奈川県の中央北部に位置する。都心から近距離にありながら丹沢山麓の東北端にあるため緑が多く、丹沢の水流を集めた中津川が町を縦断している。今日でも豊かな自然が保たれた地である。

町の歴史は古く、愛名・愛甲・鮎川・愛川といった地名を一連のものと考えると大化の改新以前の記録が残されており、相模国最古の地名のひとつという。九世紀の地名を反映しているといわれる源順《みなもとのしたごう》の分類辞書『和名類聚抄《わみょうるいじゅうしょう》』（九三一〜九三八年頃成立）には、すでに相模国に愛甲郡があり、「阿由加波（アユカワ）」という読み仮名が注記されている。〈1〉

石橋山の戦いがあった平安時代末期の愛川町地域は、『新編相模国風土記稿』〈2〉によると、「毛利庄＝森ノ庄」に属しており、特に毛利庄の北辺の地域であったので、「上毛利庄」と称せられたという。

愛川町の源頼朝についての記録は、昭和五十七年（一九八二）に出版された『愛川町郷土誌』〈3〉の町の沿革（平安時代として、次のように残されている。

一一八〇（治承四年）八月二十四日　頼朝石橋山で大《おお》庭《ば》景親《かげちか》と戦い敗れて箱根山中に逃れる〈皇国地誌残稿に土人の伝えとして『源頼朝石橋山に敗れ間道よ

愛川町の風景（中津川と丹沢山麓）

り(愛川町田代の)館山《やかたやま》に潜匿し、潜かに兵を集む。里人草花を蒐め頼朝をその上に坐せしめた。頼朝、その意を美《よ》みして(よしとして)、氏を花上と賜い、又、館山北口を守りしものに荻田(荻野・田代の冠字)と賜い、東北に山木を伐て柵を作り守った者に奈留居(成井)(里俗に柵を奈留という)を賜う。よって此の地を館山と称し、その麓を源氏ヶ原と呼ぶ』〉

一一九〇(建久一年)源頼朝　海老名季貞《えびなすえさだ》に命じて八菅《はすげ》神社堂宇、社殿を再建し、更に、大日堂を建立す。

一一九一(建久二年)　源頼朝　八菅神社　各堂宇を建立

これらの源頼朝に関する記述は、『皇国地誌残稿』[4](明治新政府が国土把握のために集めた草稿の一部。関東大震災で大半の資料が消失した)によるものである。

『愛川町郷土誌』は、これらの沿革をどのように扱っているのだろうか。

まず、治承四年(一一八〇)の説話については、『皇国地誌残稿』の「館山」の項の末尾に書かれた「この説は他の歴史書に書かれていないけれども、土人(村人)が伝えていることなので、しばらくはここに書き留めておく」といった極めて控えめな見解をそのまま引用している。

また、建久年間の頼朝の記録に関しては、町は『愛川町郷土誌』の編纂に先駆けて、八菅山の歴史調査を行い「愛川町文化財調査報告書『修験集落八菅山〈5〉』」を発表している。この中で、頼朝が海老名季貞に命じた八菅神社の再建については、「……海老名氏は確かに相模川東南海老名に所領を有した鎌倉幕府の御家人であるので八菅山《はすげさん》信仰も否定し得ないが、頼朝と八菅の関係は全く証明不可能である。（中略）従って『八菅山縁起』の鎌倉初期までの記事に関しては、八菅修験の存在と活動を明証する資料とはならないであろう。」と、その歴史を否定しており、『愛川町郷土誌』ではその見解をそのまま引用している。

従来の石橋山に言及した史書に基づく限り、愛川町の頼朝伝説は異端視されてもやむを得ない。なぜなら、石橋山の合戦場は、小田原と熱海の中間にあり、そこで敗れた頼朝は近傍の真鶴から船で房総の安房に逃れたとされる。この説が史実とされる以上、丹沢山地の反対側にある愛甲郡愛川町に頼朝が立ち寄ることは物理的にも常識的にも考えにくい。

石橋山の合戦場と愛川町の位置、そこに、頼朝の従来の逃走路（細い点線）と、愛川町の説話から想定される逃走路（太い点線）を記すと次頁のようになる。

石橋山の戦いを扱った史書には、『吾妻鏡』や『平家物語』など複数あるが、そのすべての史書が、頼朝は真鶴から船出し房総安房に到着したことを記録している。

そこで、頼朝の愛川来訪を記した『皇国地誌残稿』の該当箇所を、改めて確認しておきたい。

まずは、相模国愛甲郡田代村（現愛甲郡愛川町田代）の村史として残された「館山（屋形山）」の原文である。

（前略）土人ノ傳ヘニ　治承四年源頼朝ノ石橋山ニ敗ルヤ間道ヨリ來リテ此山ニ潜匿シ潜カニ兵ヲ集ム　里人草花ヲ蒐メテ頼朝ヲ其上ニ坐セシム　頼朝其意ヲ美ミシテ氏ヲ花上ト賜ヒ　又此山ノ北口ヲ守リシモノニ荻田ト賜ヒ〈其地荻野ト田代ノ村界ナルヲ以テ両地名ノ冠字を採ルト云ウ〉　又東北ニ山木ヲ伐テ柵ヲ為リ之ヲ守ル者ニ奈留居ト賜フ〈里俗柵ヲ呼テ奈留ト做ス〉

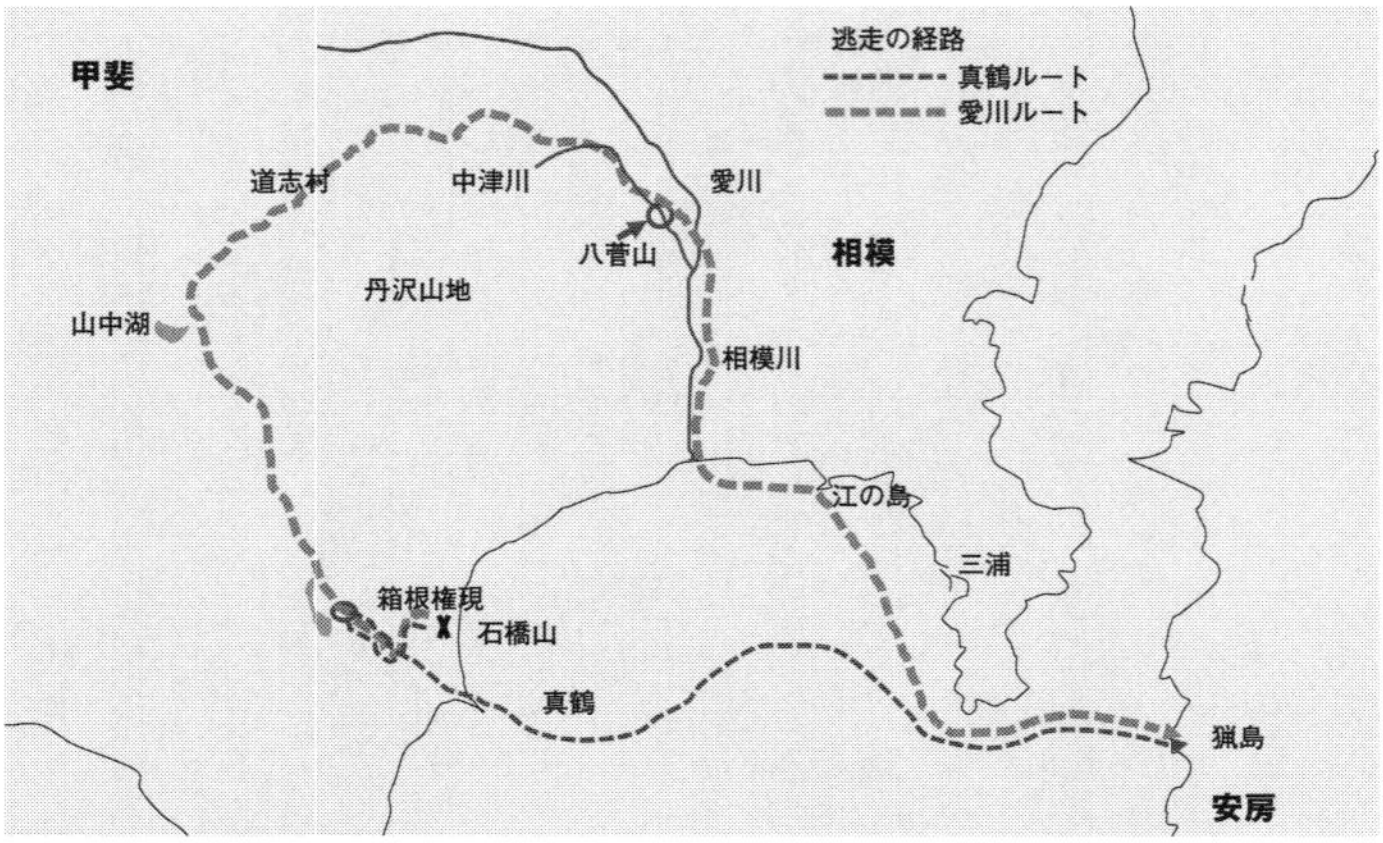

石橋山からの頼朝の逃走路

此三氏今猶荻野村ニアリ〈其先祖ノ名ヲ傳ヘズ〉　既ニシテ頼朝舟ニテ相模川ヲ下リ安房ニ航ス因テ此地ヲ舘山ト称シ　其麓ヲ源氏ヶ原ト呼ブト云ウ　此説史書ニ見ル所ナシト雖土《いえど》人ノ伝フル所ナルヲ以テ姑《しばら》ク茲《ここ》ニ記スノミ

現代文では次のように読める。

里人の伝えによると、治承四年（一一八〇）源頼朝が石橋山の戦いで敗れると、この山（館山）に潜伏して密かに兵を集めた。里人は草花を集めて頼朝をその上に座らせた。頼朝はその意を嘉《よみ》して（ほめて）花上という姓を与えた。また、この山の北口を守った者に荻田という姓を与えた。その地は荻野と田代の村境だったので両地名の冠字を採ったという。また東北で山の木を切って柵を作り守った者に奈留居という姓を与えた。里の方言に柵のことを奈留と云うからである。この三つの姓は今なお荻野村に残っている〈その先祖の名前は伝えられていない〉。かくして頼朝は、舟に乗り相模川を下り、安房に渡った。そこでこの地は館山と呼ばれるようになり、その麓を源氏ヶ原と呼ぶという。この説は他の歴史書に書かれていないけれども、土人（里人）が伝えていることなので、しばらくはここに書き留

めておく

治承四年(一一八〇)の説話をここでは「愛川村人説話」と呼ぶことにする。

次に建久一〜二年(一一九〇〜九一)の頼朝による八菅神社の再建を見ておこう。これも『皇国地誌残稿』から「愛甲郡八菅山村」の「海老名源三季貞の墓」の項を引用している。

光勝寺ノ古記ニ云　建久二年　右大将頼朝卿　御願ニヨリ　大日堂建立并ニ社頭始メ伽藍諸堂再建ノ命ヲ　季貞司執リ　長く當山ニ在留　故ニ　我守本尊正観音ヲ納メ　且ツ　卒去ノ後　白骨ヲ送リテ　是ニ葬ル　云々

現代語訳すれば、次のようになろう。

光勝寺(現八菅神社)の古い記録によれば、建久二年に源頼朝の願いにより、大日堂の建立や社頭を始め伽藍諸堂の再建の命が出され、それを(海老名)季貞が担当した。季貞は長く当山に留まったために、本尊として正観音像を納め、卒去(逝去)のあと白骨をここに葬った。

建久二年(一一九一)(再建時期は以下『皇国地誌残稿』の年代を採る)の頼朝による八菅神社の大日堂の建立や伽藍諸堂の再建を「頼朝八菅再建説」と呼ぼう。この説については、「頼朝と八菅山の関係は全く証明不可能である」とする『愛川町郷土誌』の記述を紹介した。そこで、その引用元となった愛川町文化財調査報告書『修験集落八菅山』に遡ると、「源頼朝の記事は明らかに日向薬師の縁起や『吾妻鏡』の記事を意識しての結果とみた方が妥当」と評されており、「多分に後世の創作であり、伝承として継承された事蹟とも思われない」と結ばれている。

このように、「愛川村人説話」は「しばらくはここに書き留めておく」(皇国地誌残稿)とされ、「頼朝八菅再建説」は「多分に後世の創作」(愛川町文化財調査報告書)とされていて、その後の検討もされていないのが現状である。

◉荻野村の説話

厚木市の北部にあり、愛川町と接しているのが荻野である。この荻野村の記録には、「愛川村人説話」や「頼朝八菅再建説」とつながる頼朝説話が残されている。

明治十年（一八七七）に書かれた『見聞志附録愛甲郡地名考』（足立原永寧《えいねい》著）では、「荻野村」を次のように紹介する（本資料は、小島瓔禮氏が作成した愛川町郷土資料館蔵の複写資料を、同資料館の了承を得て筆者が引用した。原文に送り仮名を加えた）。

［荻野村］最初荻《おぎ》多ク有リテ名付シナルベシ（中略）　館山ト云フ有リ　昔源頼朝公石橋山敗軍之砌《みぎり》　此所《この》へ来《きた》リ隠給《かくれたま》ヒシ時　仮館《かりのやかた》之場所ト云《いふ》　源氏河原　勢多ヶ谷　真弓谷等　此ノ時之地名ナルベシ　委《くわし》クハ見聞志ニ記セリ　又八菅山ヱ大日堂御建立ハ　此時ノ御願《ごがん》ナルカ　荻野五郎《おぎのごろう》　公所《ぐぞ》　本郷之辺《あたり》ニ住《じゅう》ス　按《あんず》ルニ頼朝公飛龍《ひりょう》の猛勢《もうせい》ニ而《て》　総州ヨリ隅田川辺迄発向《はっこう》シ給フガ故《ゆゑ》ニ　相武之諸士　来集《きたりつどい》降参ス　其ノ中ニ荻野五郎一人　御憤《おんいきどほ》リニ依リテ御手打《おてうち》ニ成《な》シ給ヒシ事　公　杉山ノ敗走ヨリ　館山へ来リ給ヒシ時　御味方ニ不参《ふさん》此時ニ至リ来リシ罪ニ依《より》テ　斯《か》ク成《な》シ給ヒシナラン　彼ノ墓ハ　浅草ノ奥山ニ有《あり》ト江戸《えど》砂《すな》子《ご》ニ見ユ　公　相模川之急流ヲ舟ニテ下リ　房州ニ渡御《とぎょ》シ給フナラン

現代語訳を添える。

荻野は荻がたくさん生い茂っていたので名付けられたのであろう。(中略)そこには館山《やかたやま》という山があり、むかし源頼朝が石橋山の戦いで敗れた折り、そこへ来て隠れた仮の館《やかた》があった場所だという。源氏河原《げんじがわら》、勢多《せた》ヶ谷、真弓谷《まゆみだに》などは、そのときの地名であろう。詳しくは「見聞志」に書いてある。また、八菅山に大日堂を建立したのは、このときの頼朝の請願によるものだろうか。荻野五郎は、(荻野の)公所《ぐぞ》、本郷《ほんごう》の辺りに住んでいた。考えてみると、頼朝が猛烈な勢いで、房総から隅田川の辺りまで軍を進めたとき、多くの相模・武蔵の武士たちは集まり降参した。その中で荻野五郎だけは、一人、(頼朝の)怒りによって打ち首となっている。頼朝公は杉山(石橋山)から敗走して館山に来たとき、味方に加わらず、このときになって参加したことの罪によって、このようなことになったのであろう。彼の墓は浅草の奥山にあると『江戸砂子』(一七三二年刊の江戸の地誌)に見える。頼朝公は、相模川の急流を舟で下り、房総安房にお渡りになったようだ(本文中に引く「見聞志」とは、『相模蒙求見聞志』(四)(明治五年)や同書(追加)(明治九年)などを指すかと思われるが、未見である)。

荻野村の頼朝説話は、頼朝が石橋山の戦いの後、館山に隠れ、舟で相模川を下ったという点で、「愛川村人説話」を踏襲している。

注目されるのは、頼朝の館山での潜伏(一一八〇年)と八菅山の再建(一一九一年)を一体化した出来事として捉えようとしていることだ。また荻野の領主である荻野五郎は、頼朝の怒りによって打ち首になったことを記しているが、ここでも頼朝の館山潜伏との連関を推理している。

著者の管陵《かんりょう》〈足立原〉永寧(一七八五~一八八三年)翁は、聖護院天台派修験年行事職として、また八菅山七社権現社別当光勝寺の本坊として最盛時には五十二坊を司った家柄(四十二世)で、本稿は九十二歳の時に完成した著作である。つまり、八菅山の歴史を引き継いできた人物が、頼朝の愛川(館山)来訪を歴史的な前提とした上で、八菅山と頼朝との関係や頼朝を怒らせた荻野五郎との関係に思いを巡らしていたことがわかる。

◉史実としての可能性を探る

「愛川村人説話(荻野村の説話を含める)」と「頼朝八菅再建説」をまとめて、「愛川頼朝伝説」と呼ぶこととする。

「愛川頼朝伝説」は本章を通じて史実の一断片となるよう精緻化を進め、そこから生まれた仮説を「愛川・頼朝来訪仮説」として石橋山の戦いの歴史検証に使おうと思う。つまり、「愛川頼朝伝説」は、現状では「伝説」であり、歴史的な事実とはなり得ないが、「愛川頼朝伝説」が史実であると仮定すれば、従来からの石橋山の歴史(検証対象)にはどのような疑問点や矛盾点があるかを調べ、そこから、新たな信憑性《しんぴょうせい》のある歴史解釈を試みるのである。

先ず、「愛川頼朝伝説」の歴史資料としての限界と展開の可能性を考えてみよう。

「愛川村人説話」の限界をあげると、この説話は石橋山の記録をとどめた史書とは頼朝の逃走ルートにおいて全く異なることだ。村人の説話なので書き留めては置くが、創作であると思われているのである。

頼朝に関する各地の説話・民話には、苦難の頼朝を助け勧賞を蒙《こうむ》った話が多くあり、とりわけ名字を与えられたという伝えは数多くみられる。

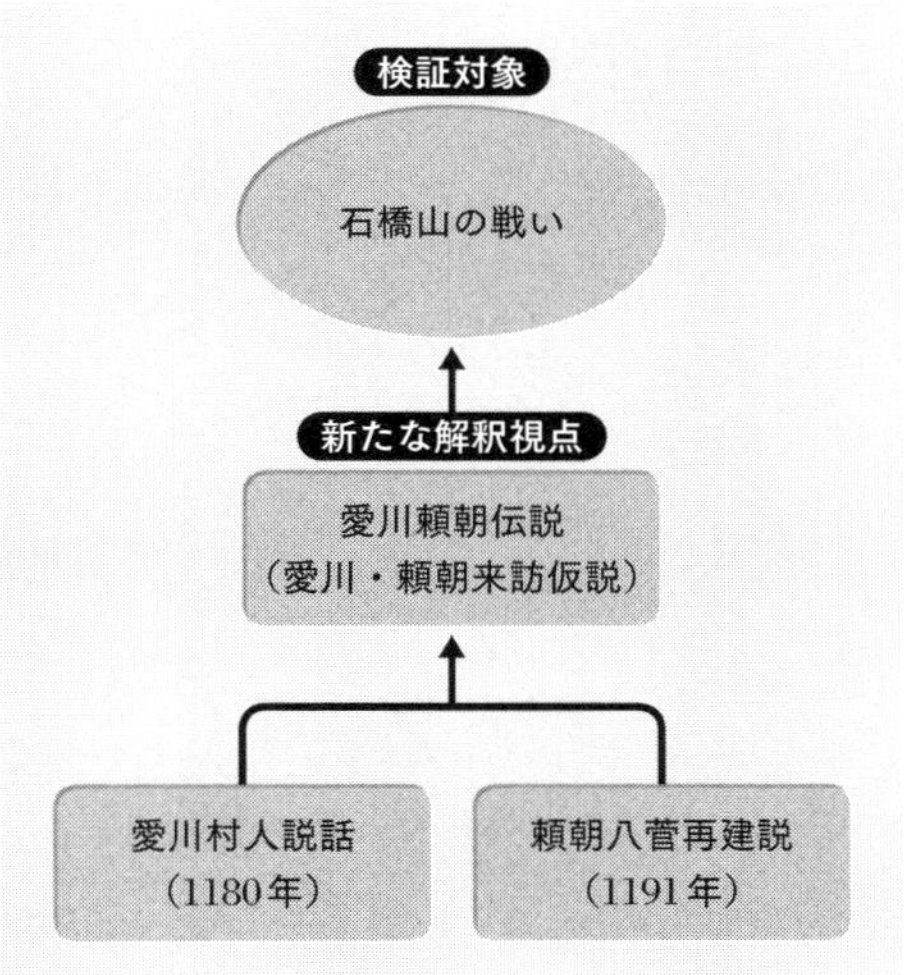

愛川頼朝伝説による石橋山合戦の検証

安房での噺《はなし》(人に聞かせるための作り事・作り話)はその代表例となろう。頼朝が安房の猟島に到着して地元の某より歓待を受けた折、頼朝はそれに感謝し、我が天下を取ったらそなたに安房一国を与えようといった。すると某は間違えて、「粟一石は裏の畑でもとれます、それよりも姓を賜りたい」といったので、頼朝は笑って「さうか、馬鹿なやつ」と独言した。某はその独言を「左右加」「馬賀」の姓を賜ったと思い名乗った。

「愛川村人説話」では、花上、荻田、奈留井(成井)の三つの姓が、頼朝から賜ったとされる。花上姓は、その村人が草花を集めて頼朝をその上に座らせたからだという。荻田姓と成井姓は頼朝を守る守備や見張りとしての役割だったようだが、名字の謂れだけで村人説話を見れば、謎が多く、後に作られた頼朝を助けた噺の類型にもみえる。しかし、「愛川村人説話」には、単なる噺とするには収まらない独自の特徴がある。

その一つは、この「愛川村人説話」はこれまでの頼朝の逃走ルートには入らない地点で忽然と誕生していることである。作り話は、名の知れた有名な人物が活躍した地域やそれらを結ぶ経路に沿って、もっともらしい逸話として発生する。

二つ目は、記録を留めたのは地元の村人であることだ。当時の史書に特有の、武士たちの武勇を称え一族の名誉を喧伝するような意図の入り込まない、純粋な立場から頼朝行動の一側面を伝えている。

三つ目に、花上、荻田、奈留居(成井)の三姓が現代まで実在していることだ。三姓といえば村を挙げての伝説であり、このような由来がどこにでもあるものではない。第五章の補筆に掲載するように、石橋山の戦いで頼朝から名字を授かったとされる記録が複数残るのは、真鶴と安房と愛川だけである。

四つ目に、この説話には頼朝の一連の行動や経路に関する情報が入っていることである。頼朝は間道を通って愛川に至り、舟で相模川を下って安房に向かったと伝えている。館山に潜匿し密かに兵を集めたという記録の裏には、単なる通過地点ではなく、しばらくの滞在とこの地を訪れた目的があることを感じさせる。

愛川という地名が相模国最古のものであることからうかがえるように、この地は古くから豊かな歴史文化を備えていた。それゆえに民間の説話が長く伝えられてきた。それが明治新政府が手がけた『皇国地誌残稿』によって、まさに奇跡的に今に残ったのである。

一方、「頼朝八菅再建説」は、八菅山の過去の幾たびかの兵火を考えれば、歴史史料が少ないことは歴史が無かったからではなく歴史文書が失われたと考えるべきである。

愛川町文化財調査報告書の『修験集落八菅山』は、頼朝に関する記述を総じて後世の創作と見なしているものの、その研究成果からは頼朝の存在を抜きにしてはあり得ない歴史解説も見られる。

このように考えると、「愛川頼朝伝説」は「しばらくはここに書き留めておくべき」記録ではなく、補完する資料を集め頼朝や石橋山の歴史の一部として組み込むことで、石橋山の戦いそのものを見直すきっかけとなるのではないかと考える。

◉「愛川村人説話」と「頼朝八菅再建説」を一体化する

『愛川町郷土誌』では、一一八〇年の「愛川村人説話」と一一九一年の「頼朝八菅再建説」を伝えるが、それぞれ別の出来事ととらえ頼朝伝説として一体の歴史としてとらえていない。そこに見逃された歴史の真実があるのではないか。これは、荻野村の紹介で永寧翁が推察した関係性の視点である。

そこでわれわれも、断片化された二つの伝説それぞれについて、その欠落した目的や背景要因などを想定してみよう。

まず「愛川村人説話」について。

頼朝はなぜ愛川の地に来て館山に潜んだのだろうか。愛川が箱根山中から安房に向かう山ルートの経路上にあったからだとすれば、愛川は通過するだけでよいはずだ。ところが館山に潜み、兵まで集めて頼朝を守らせたというのである。

私は、「頼朝舟ニテ相模川ヲ下リ」(『皇国地誌残稿』)という行動に注目したい。つまり頼朝は、この地で舟を入手する必要があったのだ。舟を調達するのであれば、調達できるまでしばらくこの地に留まらざるを得ないであろう。しかし潜伏した地点がなぜ館山なのかは検討を要する。

次に「頼朝八菅再建説」について考える。

石橋山合戦の十年後に頼朝が八菅神社の大日堂の建立や伽藍諸堂の再建を行ったのはなぜか。そもそも頼朝は八菅神社の存在をなぜ知っていたのか。地元の豪族海老名季貞に命じたのであるから、そのきっかけは季貞からの要望であったとも考えられる。しかし『皇国地誌残稿』には頼朝の「御願ニヨリ」と明記されていて、八菅神社の再建は頼朝の発起なのである。

そこで、「愛川村人説話」と「頼朝八菅再建説」を一体の出来事として考えると、石橋山合戦後に頼朝が館山に潜んだ折に、訪れたのは八菅山(八菅神社)であったと推理することができる。寒村に突然訪れても舟の入手は難しい。頼朝は八菅山で舟を調達した。

その時の恩義に報いるため、後に頼朝は八菅神社の造営を近隣の豪族である海老名季貞に命じたのではないか。
そこで、「愛川村人説話」と「頼朝八菅再建説」を一体化すると、次のような「愛川・頼朝来訪仮説」を用意することができる。

愛川・頼朝来訪仮説

石橋山の戦いに敗れた源頼朝は、間道を通って愛川の八菅神社を訪れた。そこで舟を調達した頼朝は中津川・相模川を下り、無事安房に渡ることができた。頼朝はその恩義に報いるため、後に神社の大日堂や伽藍諸堂の造営を海老名季貞に命じた。

この説は、これまで通説とされてきた頼朝の逃走経路と異なるため、この段階では、地元に残る説話や『皇国地誌残稿』から想定できる一つのシナリオにすぎない。
しかし、石橋山の戦いの真実を明らかにするための仮説として設定するのであれば許されるであろう。この「愛川・頼朝来訪仮説」を用いることによって、石橋山を扱った史書の記述はどのように解釈できるのかを第二章から探ってみたい。

次章に進む前に解決しておかなくてはならない課題がある。

それは、なぜ頼朝は八菅山(八菅神社)には行かず、館山に潜伏したのかということである。館山は、愛川町にある山(現在は山は削られて台地になっている)ではあるが、八菅山からは中津川に沿って四~五キロメートルほど上流の地点にある。頼朝はなぜ八菅山ではなく、館山に潜伏したのだろうか。

そこでまず、八菅山の古名を調べてみた。『皇国地誌残稿』では八菅山を次のように紹介している。

八菅山　西方ニアリ　最高處五十三四丈(約一六〇メートル)海面ヨリ概測　山上ニ郷社八菅神社

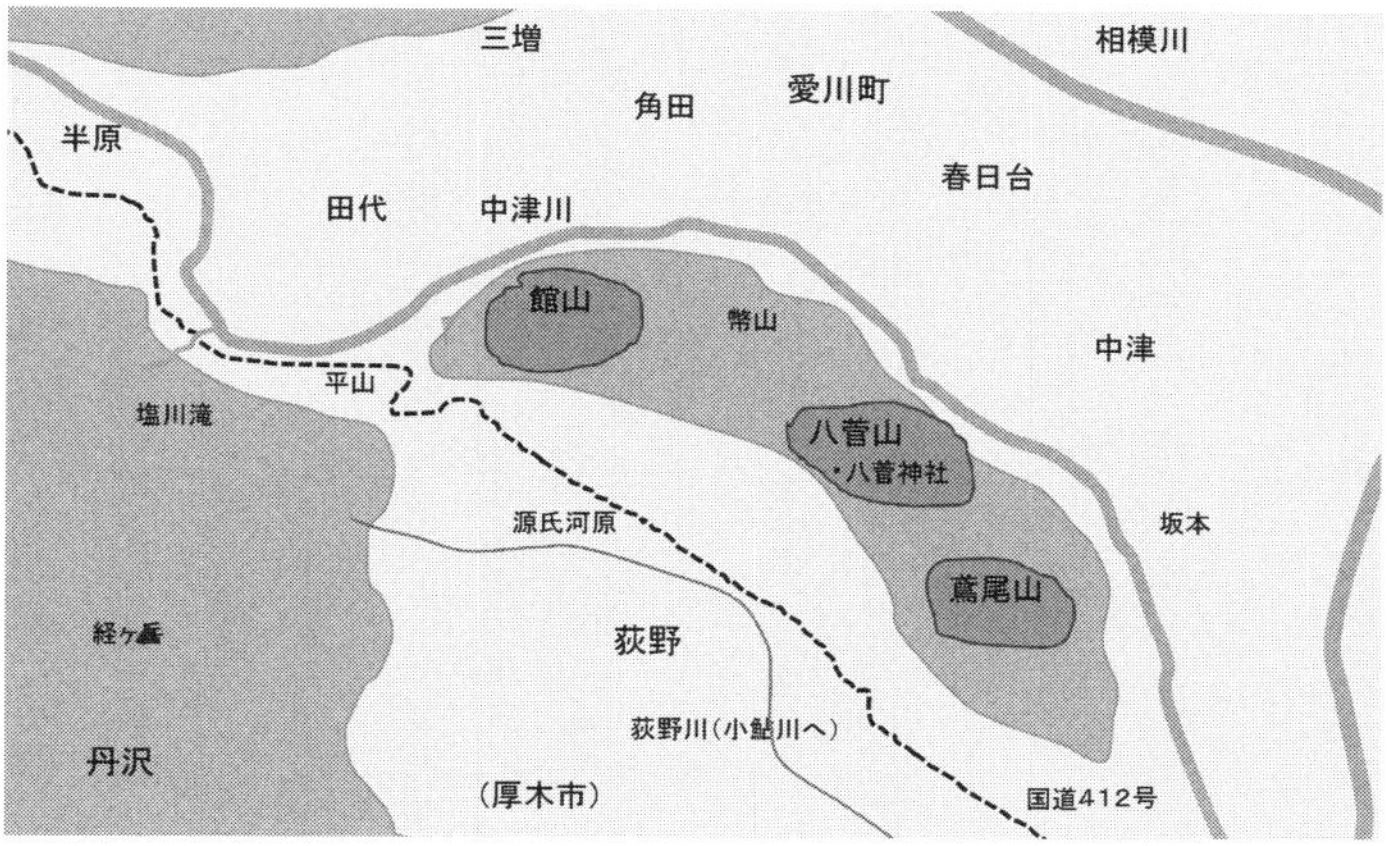

愛川町八菅山周辺図

ヲ祭レリ山脈南ハ鳶尾山ヨリ棚沢荻野ノ二村ニ連ナリ西北ハ舘山ニ延亘シ全山老樹蓊鬱タリ山形蛇ニ似タルヲ以テ古ハ蛇形山ト稍シ山中ニ眼ノ池鼻ノ池等ト呼ベル小池アリ（傍線は筆者）

八菅山は、かつて南は鳶尾山から西北は館山に至る山脈全体を指し、山形をもって蛇形山（じゃぎょうさん）と呼んでいたという。たしかに、中津川の対岸から八菅山の山肌を見ると八菅山周辺は細い谷筋が中津川に流れ落ちて蛇腹のようであり、かつ中津川に沿った山々が一体化した山並みを形成している。

頼朝が訪れた時代には、峰ごとに八菅山や館山という山名はなく蛇形山という一体化した修験の山としてとらえられていたのではなかろうか。

すると八菅山や館山の山名はいつ付けられたのか。

『修験集落八菅山』によれば、八菅の地名の由来は、八菅の南を流れる水量豊かな大沢沿いの杉林の樹下に生える山菅に因む（中村昌治氏「八菅修験と菅の民俗と伝承」（『日本民族学会会報』七、一九五九年）といわれ、今日、史料上に「八菅」の名辞が検出できるのは、応永二十六年（一四一九）の『勧進帳』が初見であるという。頼朝が訪れた時点では、八菅山という地名は存在せず、蛇形山と呼ばれていたと思われるのである。

では、館山《やかたやま》という山名はいつ付けられたのか。

これは愛川村人説話で紹介した『皇国地誌残稿』の「既ニシテ　頼朝舟ニテ相模川ヲ下リ安房ニ航ス　因テ此ノ地ヲ舘山ト称シ……」で説明されている。つまり、館山は頼朝が来たことに因《よ》って付けられた山名であり、頼朝が去った後に蛇形山の中で一番高い山(標高二四七メートル)を「お館《やかた》様の山」として命名したのであろう。

頼朝が到着した地点は、山名の経緯から現在の館山の地点に限定されるものではなく蛇形山の全域が想定できることになる。けれども、現在の八菅山周辺には平安時代にさかのぼると思われる遺物をもつ経塚がいくつも発掘されていることから、当時から、八菅山が山の行者の拠点となっていた可能性が大きい。よって頼朝が蛇形山を訪れたとすれば、現在の八菅山に至ったとみることが妥当であろう。

2――頼朝―八菅神社―海老名季貞を結ぶ深い縁

◉修験集落八菅山の歴史

八菅山はどのような歴史をもつ寺社なのか、その歴史を「縁起」（創立の由来）にさかのぼり概観しておこう（『修験集落八菅山』）。

八菅神社は神奈川県愛甲郡愛川町八菅山にある。この神社は天明六年（一七八六）、文化六年（一八〇九）、天保十一年（一八四〇）に「八菅山略縁起」が作成されているが、それらに共通するのが、次のような起源である。

景行天皇治世　日本武尊の来山あり
大化二年（六四六）　勅により蛇形山蘆遮那寺建立
大宝三年（七〇三）　役小角《えんのおづぬ》来山
和銅二年（七〇九）　行基来山し八菅山に七社権現を勧請
霊亀二年（七一六）　八丈八手の幡、降臨し八本の菅根生ず（八菅の起源）

神亀〜天平年間　義元、芳元、黒珍の来山
建久年間　源頼朝堂社造営す、奉行として海老名季貞を任ず

遺跡として残されたものとしては、正応四年（一二九一）に熊野長床衆（客僧）が入峰したことを示す巨大な碑がある。熊野長床衆とは熊野本宮長床に本拠を置き、本山派（聖護院末天台宗）の重鎮として活躍した長床衆を指す。そこで八菅山は早くから熊野修験の影響を受け、中世末期には本山派でも由緒正しい修験として広く知られていたことになる。

これから百年ほど歴史は途絶えるが、応永二十六年（一四一九）、第四代鎌倉公方足利持氏《あしかがもちうじ》の外護を得て八菅山の再興が成立する。このときの「再興勧進帳写」は今日も残っており、この勧進には、行基開山伝説に基づく霊場であったことや海老名季貞が光勝寺（現八菅神社）に大日尊像を安置し、源家繁昌の基となったこと（「海老名季貞亦安置大日尊像、是則源家繁昌之基也」）が記されている。

近世に至り、熊野権現を中心に、蔵王・箱根・男山八幡《おとこやまはちまん》・山王・白山・伊豆走湯《はしりゆ》の七社権現を祀り、別当寺の光勝寺のもとに、本坊二十四坊、脇坊二十二坊の修験者が奉仕する修験集落として栄えた。八菅山は修験者が住み込んで山伏村を作っていくという他の修験者の拠点とは異なる修験集落であった。

明治政府の修験道廃止令（明治五年〈一八七二〉）によって修験集落八菅山としての八菅山は消滅したが、七社権現は郷社八菅神社となった。

八菅神社では恒例の伝統行事として、奈良時代から伝えられてきたとされる修行者たちの荒行「火渡り儀式」が今でも毎年三月二十八日に行われている。頼朝が訪れた蛇形山は、熊野から来た修験者も混じった活気のある修験者たちの集落であったことが偲ばれるのである。（写真は愛川町郷土資料館展示の「相州八菅山繪図」複写）

◉源氏代々の八菅信仰

既述のように愛川町の文化財調査報告書である『修験集落八菅山』では、建久年間（頼朝の

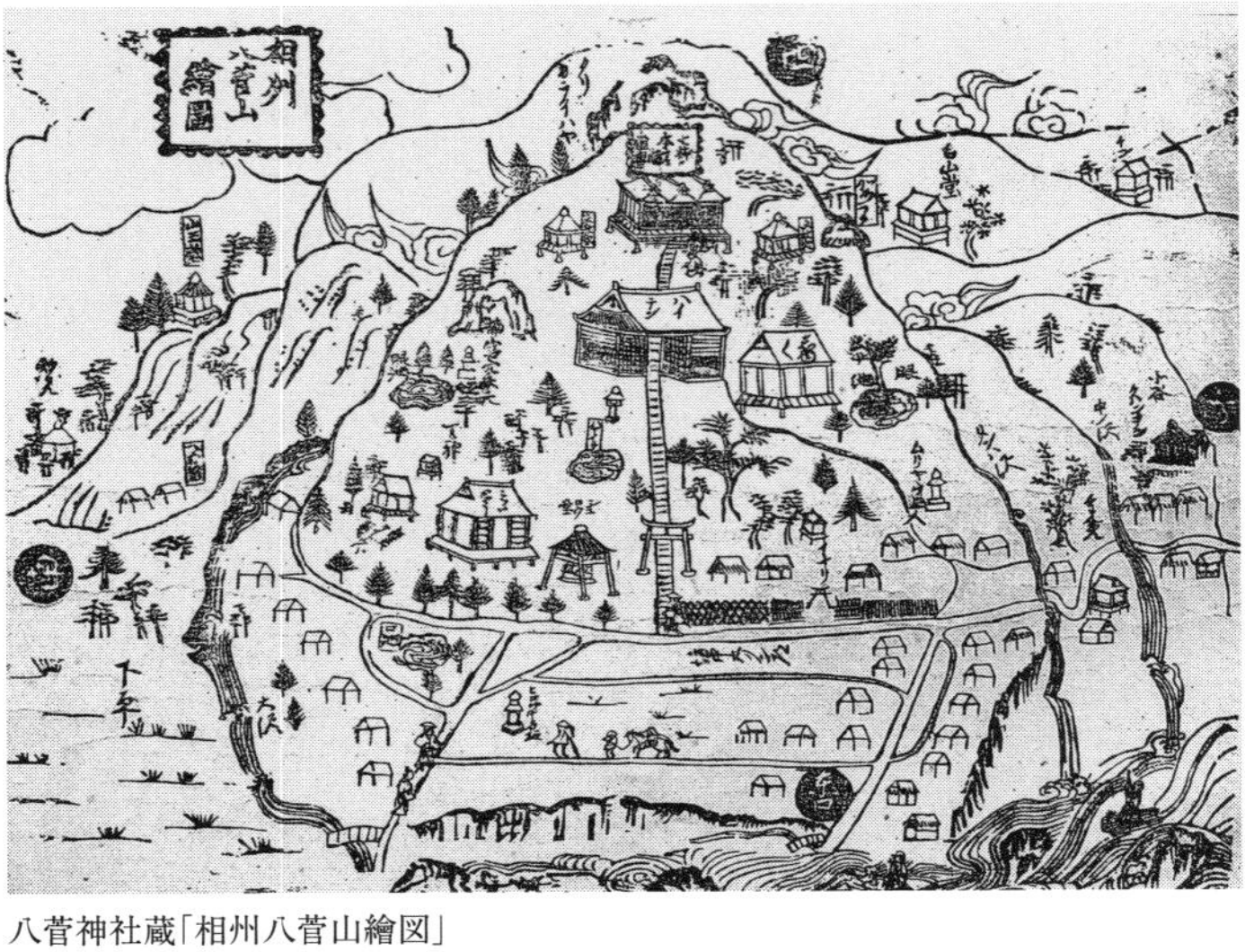

八菅神社蔵「相州八菅山繪図」

八菅再建)までの縁起の多くは、縁起の権威付けとして後世に創作されたものであると指摘している。

そして、頼朝と八菅山との接点は、建久年間以降の源氏代々の八菅信仰ついても言及するが、ここでも否定的な立場を取る。

縁起*によると、頼朝に続いて、頼家、実朝、北条時頼の八菅信仰を語りつゝ、幕府との密接な結びつきを述べようとするのであるが、この点も納得できないのである。従って『八菅山縁起』の鎌倉初期までの記事に関しては、八菅修験の存在と活動を明証する資料とはならないであろう

＊――ここでいう「縁起」とは、先に記した一七〇〇～一八〇〇年代に作成された「八菅山略縁起」を指す

頼朝に続く幕府の結びつきでも「納得できない」と論じている。

だが、縁起に登場する頼家は頼朝の長子で、鎌倉幕府第二代将軍、実朝は頼朝の二男で鎌倉幕府第三代将軍である。北条時頼は、鎌倉幕府第五代執権で北条義時のひ孫にあたる。この北条義時は、後述するように石橋合戦では頼朝や父北条時政と行動を共にした人物である。

『修験集落八菅山』が八菅山の史実として認める出来事は、応永二十六年(一四一九)の足利持氏の外護を得て成立した八菅山の再興である。このときの「再興勧進帳写」の記録は「誠に堂々とした発願」として全文を写真で掲載する。

だが、ここに登場する足利持氏の血脈も源義家(頼朝の曽祖父)を祖とする源氏であり、持氏の先祖となる足利義兼は北条政子の妹を嫁としているなど頼朝とのつながりは強いのである。源頼朝、源頼家、源実朝、北条時頼の関与まで否定して、文献が残った足利持氏の八菅信仰以降を認めるとすれば、持氏が突然八菅山の外護を始めた理由は何なのか、説明がつかない。縁起に登場する源氏代々の八菅信仰者には、それぞれ頼朝とのつながりがあり、頼朝を起点とする八菅山信仰が続いたと推察される。そこで頼朝と八菅山との関係が明らかになれば、源氏代々の八菅信仰も肯定されることになるだろう。

◉頼朝と海老名季貞一族の関係

頼朝から八菅神社の再建を命じられた海老名季貞《すえさだ》とはどのような人物であったのだろうか。海老名氏と言えば、神奈川県の海老名市を思い浮かべる人も多いであろう。季貞の祖父にあたる相模守親季(有兼)は、源頼義(頼朝の五代前)に従って前九年の役(一〇五一～六二年)で活躍し、その功によって、海老名郷を与えられた。ここで取り上げる海老名源八季貞も、保元の乱(一一五六年)で、頼朝の父源義朝に従って活躍している。海老名氏は村上源氏の一族といわれ、代々源氏とのつながりが強かった。

海老名季貞の領地について、『相模武士』の著者湯山学氏は「季貞は海老名郷から、さらに周辺に在地支配を築き、相模川を越えた対岸の毛利庄内にも進出し、愛甲郡内の国衙《こくが》領(国司が地方政治を遂行した領地)へも支配を拡大していたのである。それが平安末期までの海老名氏の支配領域とみることができる」[6]とする。

海老名季貞の子には、季久・季能・季時・有季・能忠がおり、彼らは季貞から海老名郷のそれぞれ次の領地を相伝している(同書)。

季久—上海老名
季能—下海老名
季時—荻野(上荻野、中荻野、下荻野)〈厚木市〉
有季—国分寺・国分尼寺があった国分〈海老名市〉
能忠—本間(能忠の子孫は本間を名のって依知《えち》郷〈厚木市〉に拠った)

なお、荻野を相伝した季時は系図上の名で、『吾妻鏡』には荻野五郎俊重、『延慶本平家物語』

には荻野五郎末重、『源平盛衰記』には荻野五郎季重とあるがいずれも同一人物であり、本書では荻野五郎で統一する。

湯山氏が示す「海老名党一族分布図」から八菅山の位置を見ると、八菅神社は荻野五郎が相伝した上荻野に隣接していることがわかる。

相模国の中央に領地をもつ海老名季貞には、伊豆で流人生活を送る頼朝と接触を持つ機会はあったのだろうか。

石橋山の戦い以前の接点は、『曽我物語』から推察できる。それは、伊豆国の豪族工藤(伊東)祐経《すけつね》の招きで、武蔵・駿河・伊豆・相模の四カ国の大名たちが伊東の館に集まり、三日三晩の酒宴と伊豆山中での七日間の巻狩りが行われた折、後の石橋山の戦いで登場する大庭《おおば》景義《かげよし》、大庭景親《かげちか》(大庭景義の弟)、土肥実平、海老名季貞、荻野五郎らと共に、流人の頼朝

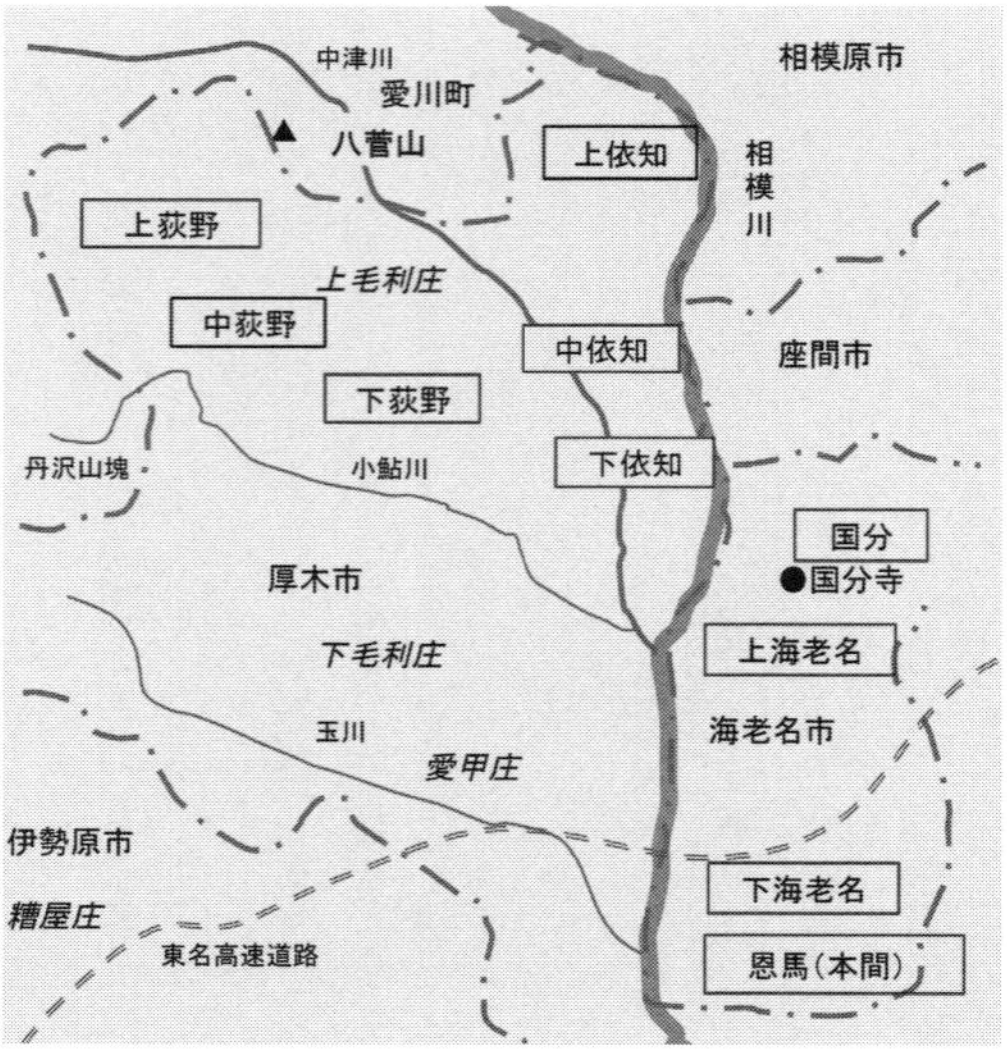

海老名党一族分布図
＊湯山学『相模武士四』の地図を参考にした

が加わっていたという記録である〈7〉。

この記述は、当時の東国の武将たちが日頃から相互に接触をもち、伊豆の武将たちもその一角に含まれていたことを示している。

頼朝は流人という立場ではあったがその場に加わっていた。海老名季貞は、保元の乱では頼朝の父義朝のもとで戦っており、二人が伊東の館に集まったとすれば当然頼朝と面会し、源氏の良き時代を語るなど、会話を交わす程度の接触はあったはずである。

しかし頼朝が挙兵した石橋山の戦いでは、海老名季貞は平家方の大庭景親側に付き、頼朝の軍と戦っている。『延慶本平家物語』では、海老名季貞と共に、息子の荻野五郎・同彦太郎・海老名小太郎の名があげられ、海老名一族が揃って頼朝と戦ったことを記している。

海老名季貞のその後はどうなったのだろうか。

◉荻野五郎の斬罪と季貞の八菅神社造営

『吾妻鏡』から石橋山以降の海老名一族の記録を探すと、海老名季貞に関しては、その後の記録がまったくみられない。しかし季貞の子息荻野五郎は二回登場している。一つは、石橋山の戦いが終わって一か月ほど経った十月十八日、すでに石橋山で頼朝側と戦った者も富士川の戦いに向け源氏側の兵として従軍していたが、荻野五郎もこの日、頼朝に投降し源氏側についたことが記されている。ところが一転、十一月十二日の記述では荻野五郎は斬罪に処されている。「日頃頼朝の御供にあり、その功績はあるものの、石橋合戦の時に(大庭)景親に味方して大いに人の道に背いたので、今その非を糺《ただ》さなければ、後に同様の者を懲らしめる事ができなくなる」というのがその理由である。

『吾妻鏡』には、「景親に味方して大いに人の道に背いた」ことの中身は書かれていない。しかし、『延慶本平家物語』によると、石橋山の戦いが続く二十四日朝、荻野五郎と子息ら五人は、敗走する頼朝を発見し、「落ちのびてゆくのは大将軍頼朝とお見うけするが、敵に鎧の後ろを見せては源氏の名おれであるぞ」と叫んでいる。この言葉が仇となり五郎は死罪となった。先頭に立って頼朝を追撃し、悪口雑言を浴びせ、頼朝の心を傷つけたのは荻野五郎だったのだ。

前述した厚木市荻野の頼朝説話では、荻野五郎の斬罪の理由を頼朝が館山に来たときに味方に付かなかったことと想定していたが、荻野五郎は石橋山の戦いで頼朝を最後まで追い詰めた張本人だったのだ。

荻野五郎は斬罪に処されているため、所領とする荻野郷が没収されたことは間違いあるまい。では、荻野五郎以外の海老名一族への処分は、どうなったのだろう。

石橋山の戦い後、海老名氏の嫡流である季久は頼朝の御家人に登用され、西国の平氏追討(一一八四年)に加わっている。頼朝は、代々源氏に尽くしてきた関係を配慮し、海老名一族を一括して処分する方法はとらず、個別の処分や処遇を行ったということになる。

ならば、海老名家の惣領《そうりょう》(一族の長)である季貞への処遇はどうだったのか。『吾妻鏡』を始め、主要な史書にはその後の季貞の記録は不思議と残されていない。そこで愛川町に残る海老名季貞の八菅神社の堂社造営の記録「頼朝八菅再建説」が注目されるのである。

私は一一九一年の八菅神社の堂社造営には、石橋山の戦いで季貞親子が源氏を裏切り、頼朝に矢を向け切りかかり罵詈雑言を吐いたことが影響していると思う。

頼朝の八菅神社の再建が海老名一族への処罰として行われたという言葉が不適切であれば、一族が担った社殿建立などの役務は、頼朝への贖罪《しょくざい》であったという表現が適切かもしれない。いずれにしても頼朝は荻野五郎の領地に隣接していた八菅神社に対して、その再建を海老名季貞に命じたのである。

一族内での不祥事を惣領の役務として責任を取らせた事例がある。

それは、頼朝の父義朝に従い、石橋山合戦でも頼朝の下で戦った大庭景義と石橋山合戦で平家方の大将となった大庭景親の扱いについてである。二人は兄弟だが石橋山では敵味方に分かれている。

石橋合戦後の二人の処遇をたどると、兄の大庭景義は十月九日、頼朝が鎌倉に居を構えるための邸宅の工事を担当させられている。一方の弟の大庭景親は、石橋山合戦後の十月二十三日に捕われ、三日後には打ち首となっている。この構図は、頼朝が海老名季貞に対し八菅山の堂舎造営を命じ、一方で息子の荻野五郎は死罪となった出来事と著しく類似している。

大庭兄弟の話は、司馬遼太郎氏の『街道を行く――三浦半島記』〈8〉で取り上げられている。ここで司馬氏は、処罰の延長として地方豪族の財力を活用する御所や寺社の造営負担を「天下取りの経済」として紹介している。

大庭景義と同様に海老名季貞は高齢であり、合戦には参加したものの前線で戦うことは難しかったようだ。また、大庭景義が弟の景親の責任を取らざるを得ない立場になったように、海老名季貞も荻野五郎らが頼朝を追い詰めたことで、一族の責任を取る立場であった。二人は頼朝から何を言われても忍従するしかない弱みを握られていたのである。

そこで、司馬遼太郎氏の着想力を借りると、頼朝は相模平野に肥沃な領土をもつ海老名一族の豊かな財力に着目し、季貞に対し八菅神社の造営を命じたことが想定されるのである。

石橋山の戦いから始まった頼朝と海老名季貞、八菅神社との関係を示すと下図のようになる。

①石橋山で最後まで頼朝を追撃して悪口雑言を浴びせたのは海老名季貞の息子荻野五郎だった。
②箱根山まで撤退した頼朝は箱根権現に潜み、そこから八菅山に向かった。
③八菅山で相模川を下る船の提供を受けた頼朝は、無事安房に行くことができた。
④頼朝は海老名一族への処分を行った。荻野五郎は斬殺され、海老名季貞には八菅山の堂社造営が命じられた。

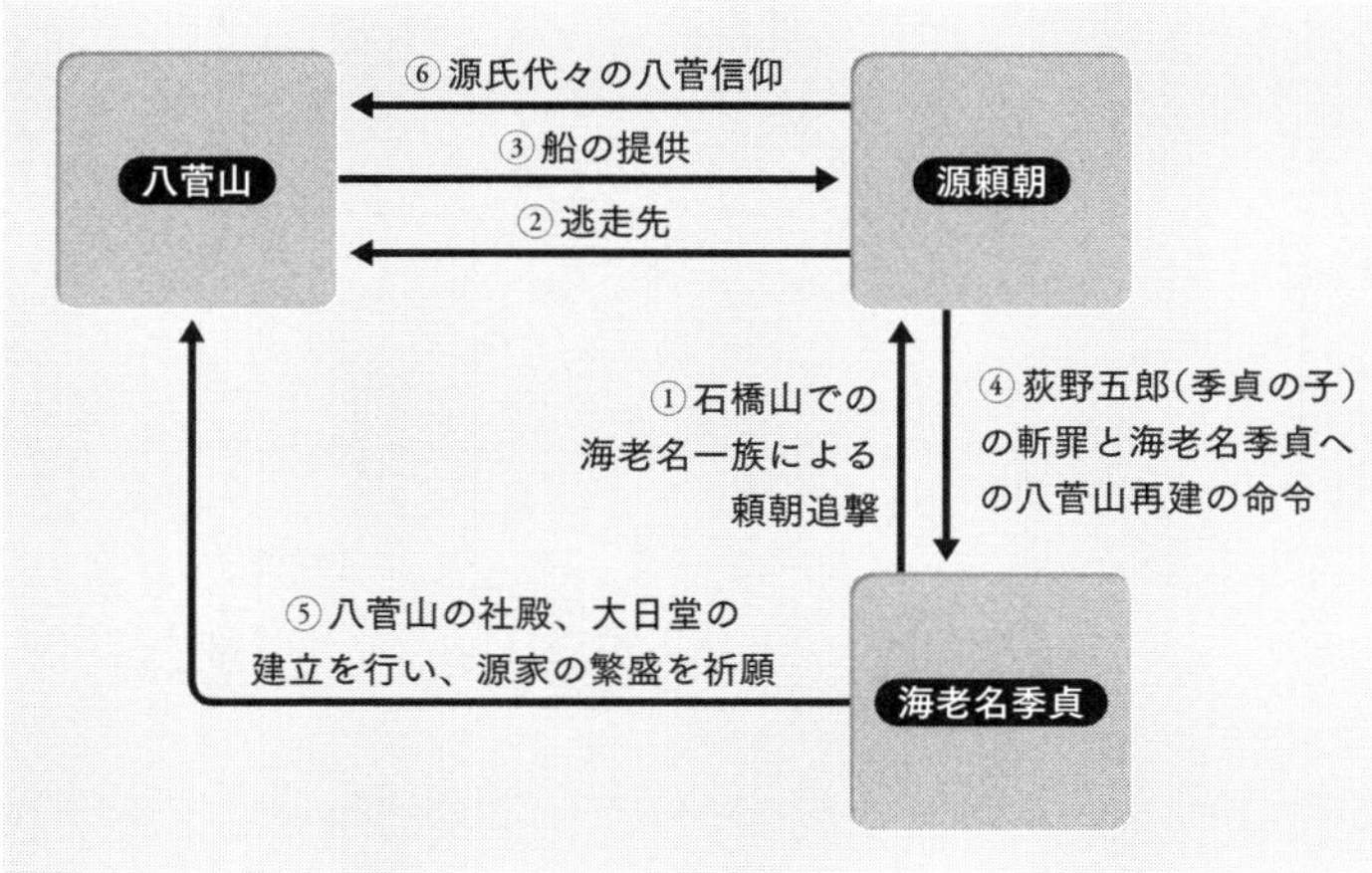

頼朝、海老名季貞、八菅神社のつながり

⑤海老名季貞は、八菅山の社殿、末社の再建と大日堂の建立などを行い、源家の繁昌を祈願した。

⑥頼朝の危機を救った八菅神社に対し、頼朝はじめ、頼家、実朝、北条時頼、足利持氏など頼朝に近い源氏一族の八菅信仰が続いた。

以上により、「愛川頼朝伝説」は、伝説を歴史に近づける一貫したストーリーが用意できたと考える。だがこのストーリーは、頼朝が真鶴から船で直接安房国(房総)に渡ったとする従来の歴史と矛盾するものであり、この矛盾が解消されない限り史実とは見なされないだろう。そこで二章からは、従来の石橋山の歴史の原典といえる史書を当たり、そこに隠された真実を探ってみたい。

第二章——石橋山合戦の歪んだ鏡像『吾妻鏡』

史書『吾妻鏡』は編纂者の手が入りすぎていて謎が多いことが指摘されている。だが「愛川・頼朝来訪仮説」に立脚して『吾妻鏡』の石橋山の戦いを読むと、この書は史書編纂の段階における介入ではなく、実際の戦闘・逃走場面での事実そのものが歪められているという疑惑が浮上する。

1——石橋山の戦いを『吾妻鏡』で読む

石橋山の戦いとは

石橋山の戦いとはどのような出来事だったのか。いま一般的に伝えられている石橋山の戦いの概要を「日本大百科全書(ニッポニカ)」から引用してみよう。

一一八〇年(治承四)八月、相模《さがみ》国石橋山(神奈川県小田原市南西部)で、平氏方の大庭景親《おおばかげちか》らが源頼朝《よりとも》の軍を破った戦闘。八月十七日、伊豆北条に挙兵し、同国目代《もくだい》の山木兼隆《やまきかねたか》を討った頼朝は、ついで三浦氏の軍との合流を望み相模に進出、石橋山に布陣した。しかし二十三日夕、景親勢がこれを強襲、伊東祐親《いとうすけちか》も背後をうかがった。三浦の大軍との合流を阻止された頼朝勢は大敗したが、飯田家義《いいだいえよし》、梶原景時《かじわらかげとき》など、景親の手に属しながらも内応する者があり、彼らの計らいで絶命の危機を逃れた頼朝は、箱根山中を経て土肥郷《どいごう》(神奈川県湯河原町、真鶴町《まなづるまち》)に脱出、二十八日には真鶴岬から海上を安房《あわ》(千葉県)に渡り、再挙を図ることになった。

この解説を含め、多くの歴史書や事典の説明は、石橋山の戦いをほぼ次の要素から説明している。それは、

①伊豆で挙兵した頼朝が平氏方と戦った最初の合戦であること
②大庭景親らに大敗を喫した戦いであること
③頼朝は真鶴から脱出、安房に渡ったこと

である。

「愛川・頼朝来訪仮説」は、③の真鶴から海上に脱出したという石橋山合戦の歴史と真っ向から対立する。

そこで石橋山の戦いを扱った史書の原典と思われる『吾妻鏡』と『延慶本平家物語』を二、三章で取り上げ、「愛川・頼朝来訪仮説」の視点から史書の不可解な記述を抽出してみたい。

◉頼朝の半生

『吾妻鏡』を読む前に、石橋山の戦いに至るまでの源頼朝の少年時代からの半生を概説しておく。

源頼朝は、京の貴族社会の中で父義朝のもとで、順調な少年時代を送っていた。しかし十四歳のとき平治の乱（一一五九年）が起き義朝は惨敗を喫する。頼朝は父とともに東国に逃れようとしたが父は途中で命を落とし頼朝は捉えられてしまう。頼朝は義朝の嫡子《ちゃくし》（あとつぎ）として当然、処刑という運命であったが、池禅尼《いけのぜんに》が平清盛に助命を請願し、伊豆に流罪となった。

頼朝の配流地は伊豆半島東岸の中心地「伊東」に根拠地を置く伊東祐継《すけつぐ》（伊東祐親《すけちか》の異母兄）の元であった〈1〉。頼朝の流人生活は二十一年に及ぶが、そのうち十六年余りは伊東での生活であった。しかし、伊東祐継の後を継いだ祐親が頼朝の命を狙っていることを知った祐継の息子の伊東祐《すけ》長《なが》が頼朝の居所に赴き、北条時政《ほうじょうときまさ》の元に向かうよう勧めたのである。

北条時政は伊豆国の豪族である。祖父時家は伊勢平氏に属し、伊豆に下向した際に北条の婿となったとされる。父時兼《ときかね》は「北条介」を名乗る在庁官人であり、時政自身も在庁官人となっている。〈2〉肥沃な狩野川下流の北伊豆平野を所領とする時政が、頼朝を匿った所が蛭ヶ小島であった。蛭ヶ小島は伊豆近海の小島と思われやすいが、狩野川周辺の土地で海上の島ではない。現在の静岡県伊豆の国市韮山《にらやま》から長岡の辺りとされる。

頼朝は蛭ヶ小島での流人生活中に時政の長女政子《まさこ》と交誼を結んだ。大番役《おおばんやく》(京での内裏《だいり》の警護役)で京に赴任していた時政は、伊豆に戻って頼朝と政子に激怒したが、政子の強い意志によって二人は結ばれた。治承元年(一一七七)の頃という。これにより時政は頼朝の義理の父＝舅《しゅうと》(頼朝は北条時政の婿《むこ》)となった。

治承四年(一一八〇)、頼朝の運命を変える大きな動乱が京で起きた。後白河の第二皇子以仁王が平氏打倒と皇位奪還を計画し、四月二十七日、頼朝の元に平氏打倒の令旨《りょうじ》(皇太子・皇后などの命令書)が届けられたのだ。頼朝、三十四歳。『吾妻鏡』はここから始まる。

◉石橋山合戦の始まり

【山木兼隆の館の夜襲から石橋山の戦いまで】――頼朝は、平氏を追討する計略をめぐらそうと、藤九郎(安達)盛長を使者として源氏累代の御家人を呼び寄せる準備を始める。盛長は伊豆配流中の頼朝に側近として仕えていた。
八月十七日、頼朝は平氏を討つ手始めとして、目代の山木兼隆の館(伊豆の国市韮山山木)に夜襲をかけ攻め滅ぼした。目代は、京都から(国司が)現地に送り込む徴税の代理人であり、東国武士の不満の対象であった。そこで頼朝が最初に目代を討ったことは、源氏の復活が東国武士のための決起であることを伝える狙いもあったようだ。

【開戦時の状況】――八月二十日、石橋山に向けた進軍が始まる。三浦一族などの到着が遅れていたが、頼朝は伊豆・相模両国の御家人を率いて伊豆国を出て、相模国土肥郷(神奈川県湯河原町)に向けて出発した。
二十三日には、頼朝方の兵は三百騎となり、早朝から相模国石橋山に陣を構えた。この頃、大庭景親《かげちか》らが率いる平家方は三千余騎に達し、同じく石橋山の辺りに陣を構えた。さらに、頼朝方の陣の背後からは、伊東祐親法師が三百余騎を率いて頼朝を襲おうとしていた。

【戦闘の始まり】――景親らは、「明日になれば三浦の者どもが(頼朝側に)加わり、おそらく破ることは難しいだろう」と軍議し、二十三日、既に黄昏時《たそがれどき》になろうとしていたが、数千の兵で頼朝の陣を襲った。兵力の差は歴然であり、頼朝側の一番手を務めた佐那田《さなだ》与一忠義らが命を落とした。景親らはいよいよ勝ちに乗じ、明け方になって頼朝は杉山(足柄下郡湯河原附近か)に逃れた。

実質的な戦闘は二十三日の晩から始まり二十四日の朝まで続いた。そこから頼朝の長い逃走が始まる。

◉頼朝側の中心人物

石橋山からの逃走にかかわる主要人物を紹介しておこう。

まずは北条時政である。

時政の出自は既に紹介したが、この戦で貢献し、後に鎌倉幕府の初代執権(将軍の輔佐役)となる人物である。石橋山の戦いでは、時政は子息二人と参戦したが、北条三郎宗時は早河のあたりで射取られ、同四郎義時がその後時政と行動を共にしている。義時は政子の弟(頼朝の義

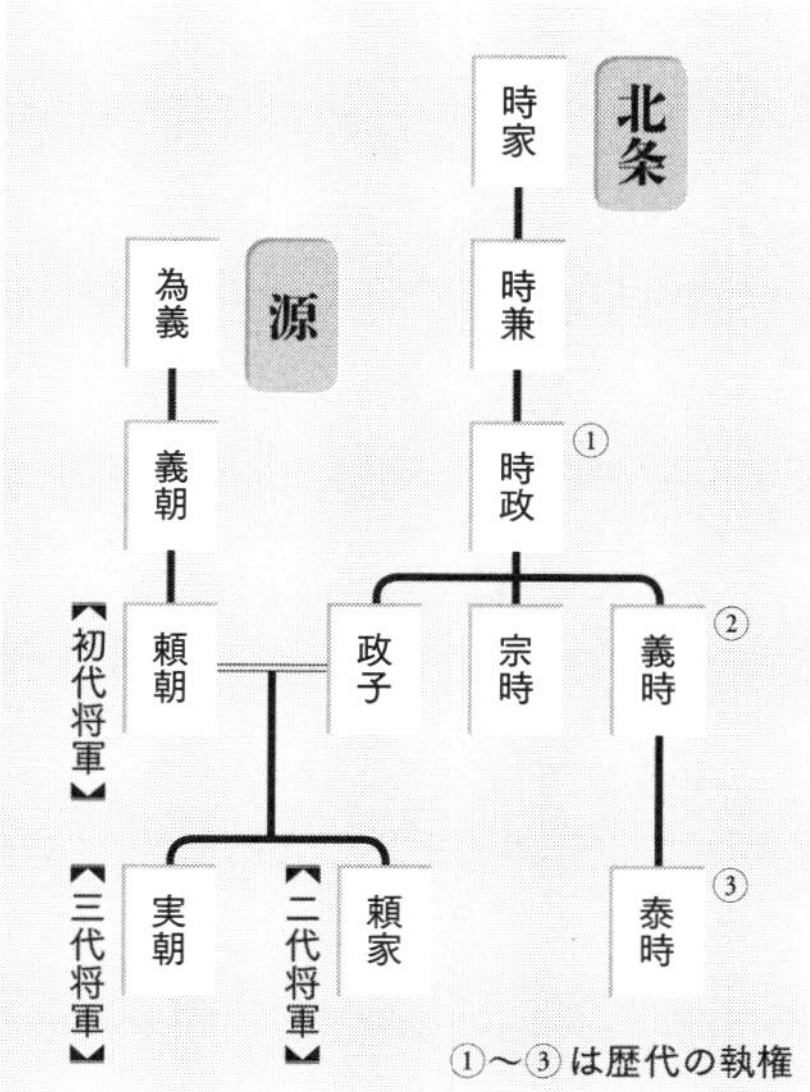

源頼朝と北条時政の関係図

弟)にあたり、鎌倉幕府の第二代執権となる。

もう一人の主要人物は土肥実平である。

実平は、相模国の有力豪族中村氏の一族で土肥郷を本拠とする。実平の父中村庄司宗平は、源義朝の郎従《ろうじゅう》(侍身分の家臣)であった。実平の姉妹は三浦の血を引く岡崎義実《よしざね》の妻となっており、三浦氏と関係が深い。

頼朝は北条時政、土肥実平の兵力や土地勘を活かして石橋山を突破し、相模の地に出ようとしていた。頼朝の武運は、二人の采配にかかっていたわけである。

頼朝のただ一人の側近である安達盛長は、頼朝の乳母《めのと》比企尼の娘婿である。山木兼隆の館の夜襲や石橋山の戦いに参戦しているが、『吾妻鏡』の戦闘や逃走場面で安達盛長の記述は見られない。しかし『吾妻鏡』九月四日の条では「藤九郎(安達)盛長を千葉介常胤《ちばのすけつねたね》のところに遣わした」と記されているので、頼朝が常に盛長を伴って行動していたことが推察できる。

◉石橋山からの退却

八月二十四日の明け方には大庭軍の一方的な追撃が行われる戦況となった。頼朝軍は土肥山中の岩窟、箱根山に向けて退却を余儀なくされた。

ここからは、頼朝の退却ルートの要所ごとに、そこでの頼朝や北条時政、土肥実平の動向、および箱根山別当達の行動や言動を拾ってみよう。僧たちの記述を含めるのは、頼朝の逃走において、箱根権現（箱根山）が重要な役割を果たしていると思われるからだ。

『吾妻鏡』の現代語訳として『現代語訳吾妻鏡[3]』（吉川弘文館）を用い、筆者が要約する。逃走期間は、八月二十四日から二十九日までの六日間のため、ここでは日別・地点別に区分している。

《二十四日明け方》

【椙山（以降杉山）】

・頼朝は杉山の堀口あたりに陣を構えた。そこに大庭景親の大軍が再び迫ってきた。

・頼朝は後方の陣に逃れた。

・頼朝は馬を廻らして百発百中の技を見せながら何度も戦いに及び、その矢は外れることはなく、多くの者を射殺した。

・北条父子三人（時政・宗時・義時）は、景親らと戦ったため、次第に疲労困憊し、山の峰にのぼることができなかったので、（頼朝に）従い申すことができなかった。

【倒木の上】

・頼朝は険しい道をよじ登ったところにある倒れた木の上（臥木《がぼく》の上）に立っていた。頼朝は（あとから登ってきた）部下たちの到着を喜んだ。

・実平はその傍らにひかえ、次のように言った。「各々が無事に参上したのは喜ばしいことではありますが、これだけの人数を引率されてはこの山に隠れるのはきっと難しいでしょう。御身（頼朝）だけは、たとえどれほどの時間がかかっても実平が計略をめぐらして隠し通しましょう」。

・しかし、部下たちはお供したいと申し上げ、頼朝も（お供を）許そうとした。

・そこで実平は再び次のように言った。「今の離別は後の大幸のためです。共に生きながらえて別の計略をめぐらしたならば、会稽《かいけい》の恥を雪《すす》いで復讐を果たすことができるでしょう」。（会稽の恥とは敗戦の屈辱。史記の故事による）

・これによってそれぞれが分散することとなった。みな悲しみの涙に目が遮《さえぎ》られ歩くべき道が見えないほどであったという。

・（飯田）家義が頼朝の御念珠《ねんじゅ》を持参した。これは今朝の合戦で頼朝が道に落としたものだった。

・また、北条時政と四郎義時（父子）は箱根湯坂を経て甲斐国へ向かおうとしていた。北条三郎宗時（義時の兄）は早河の辺りで射取られた。頼朝の陣と彼らが戦っていた場所とは山谷を隔てているので、どうすることもできず、悲しみは大変深かった。

【巌窟】

・（大庭景親配下の）梶原景時は、頼朝の居場所（巌窟）を知っていたが、この山に入った痕跡はないと偽り、景時の手勢を引き連れ、そばの峯に登っていった。

・その時、頼朝は山中の巌窟に正観音像を安置し、そのいわれを実平に伝える。

《二十四日夜》

・夜になって、時政が杉山にいる頼朝の陣に到着した。

・箱根山の別当行実《ぎょうじつ》は、弟で僧の永実《えいじつ》に食事を持たせて頼朝のもとを訪ねさせたところ、永実はその前に時政に会い、頼朝の動向を尋ねた。（両者の間で頼朝安否の話があった後）これを聞いて時政は大いに笑い、永実を連れて頼朝の御前に参上した。

・永実は持参した食事を献上、全員が飢えていたので千金に値した。実平は永実を箱根山別当職に補任されるべきと言い、頼朝もこれを許諾した。

【箱根山】

・頼朝は永実を伴って密かに箱根山に到着。別当行実の宿坊は隠れるには向かないので、永実の宅へ移った。

・行実は以前から源為義《ためよし》(頼朝の祖父)や源義朝《よしとも》(頼朝の父)と親交があり、箱根山の別当に補任されてきた。行実が賜った為義や義朝の下文《くだしぶみ》には「(東国や駿河・伊豆の家人らは)行実がもし催促したならば従うように。」とあった。行実は頼朝が北条にいるころから、頼朝のために祈禱し、ひたすら忠義を尽くしてきた。石橋合戦での敗北の報を聞き、一人で愁え嘆いていた。弟たちはたくさんいるけれども、武芸の器量がある永実を頼朝に遣わしたという。

〔小坪合戦の記述(別掲)〕

《二十五日》

〔波志太山の戦いの記述(別掲)〕

・行実の弟良暹《りょうせん》が兄弟の行実・永実らに背いて頼朝を襲おうとした。

【土肥郷へ】

・山の案内人を連れて実平と永実とともに箱根路を経て土肥郷へ向かう。

・時政は、これまでの事情を(甲斐の)源氏に伝えるため、南光房(箱根山の僧)を伴って山伏の通る道を経て甲斐の国に向かう。しかし、頼朝の到着地を見定めなければ甲斐源氏の軍勢を集められないので、途中で引き返し、土肥の方へ尋ねて行く。南光房は箱根山に帰ったという。

《二十六日は頼朝・時政・実平の記録なし》

〔衣笠合戦の記述(別掲)〕

《二十七日》

・北条時政、同四郎主(義時)、岡崎四郎義実、近藤七国平らは土肥郷の岩浦から船に乗り込み安房国を目指して船出した。海の上で船を並べていくうちに三浦の者たちと出会い、心中の心配事などを話し合った。

・二十七日～二十八日、加藤光員・景廉兄弟の移動経路の記述(別掲)

《二十八日》

【土肥真名鶴崎】

・頼朝は土肥の真名鶴崎から船に乗り、安房国の方へ赴いた。
・実平は、土肥の住人である貞恒に命じて小舟を準備させたという。

《二十九日》

【安房国】

・頼朝は実平を連れて安房国平北郡の猟島に到着。時政をはじめとする人々が迎えた。

『吾妻鏡』から石橋山退却の記述部分を要約して取り上げた。以上から、頼朝の日付別の通過地点は下表のようになる。

周辺での合戦

石橋山の戦いが行われている間に、周辺では三つの合戦が行

『吾妻鏡』にもとづく頼朝の通過経路

日付	通過地点	周辺での合戦
8月23日夕刻	石橋山	
24日明け方	杉山(堀口)	小坪合戦
24日	倒木の上	
24日夜	巌窟	
24日夜～25日	箱根山	
25日		波志太山の戦い
26日		衣笠合戦
28日	土肥真名鶴崎	
29日	安房国猟島	

われている。これらの戦いは、頼朝の潜伏・逃走時に行われているため、頼朝の逃走経路の決定に影響を与えたと思われる。『吾妻鏡』から小坪合戦、波志太《はしだ》山の戦い、衣笠合戦の大筋を見てみよう。

［小坪合戦］――三浦の者たちは、石橋山での合戦に参加するため二十三日の夜には丸子川のあたりまで来て待機していたが、二十四日になって頼朝側が敗北したという知らせを受ける。そこで三浦の者たちは急ぎ三浦に帰ろうとしたが、由井浦（鎌倉市の由比ガ浜）で畠山次郎重忠と出会い戦となった。三浦側は多々良三郎重春らが命を落としたが、畠山側は五十人余りの首を取られ退去した。

［波志太《はしだ》山の戦い］――二十五日、大庭景親は見失った頼朝の行く途をふさごうと軍勢を分散し、方々の道を固めていた。その中で俣野五郎景久（大庭景親の弟）は、駿河国目代の橘遠茂の軍勢を引き連れ、甲斐源氏を襲撃するために甲斐へ向かった。

しかし前日、富士山の北麓を宿としていたところ、景久らの弦《つる》が鼠に食いちぎられてしまった。

一方、石橋山で合戦が行われていることを聞いた甲斐源氏の安田三郎義定や工藤庄司景光、その子息行光、市河別当行房らは甲斐を出発していたので、俣野軍と波志太山で遭遇する。しかし景久たちは弓が使えなかったため、戦うこと数刻(一刻は二時間)で敗れ去ったという。

「波志太山」の比定地については、愛鷹《あしたか》山(静岡県沼津市)や足和田山(山梨県富士河口湖町)など諸説ある(『現代語訳吾妻鏡』注)。

［衣笠合戦］――二十六日、畠山次郎重忠は、由井浦での敗戦の屈辱を晴らすため、朝になると三浦の衣笠城に籠った三浦方を数千騎の兵で攻める。前日からの戦いで刀折れ矢尽きた三浦勢は夜になって城を捨てて逃げることとなった。老齢の惣領である三浦義明は「私一人はこの城に残り、軍勢が多くいるように見せてやろうと」と告げ、義明の命令に従って三浦勢はやむなく散り散りに退却した。

頼朝の逃走経路の選択においては、石橋山周辺での合戦の動向が影響したことは十分に考えられる。この三件の戦いにより、八月二十五日から二十七日頃の間に、甲斐方面には逃走の道が開け、海路による逃走には、途中の寄港地となるべき三浦の地を失ったことで進路が閉ざされるという状況が生まれたことになる。

◉加藤光員・景廉兄弟の動向

石橋山の主要登場人物のほかに、八月二十四日から二十八日までの五日間にわたってその行動が執拗に記録されている武士がいる。それが、加藤五景員《かとうごかげかず》の子息光員《みつかず》・景廉《かげかど》である。『吾妻鏡』では兄弟二人のその後の活動が、頼朝による恩賞の対象にもなっていて、多くの紙幅が割かれている。その間の動きを要約しておこう。

《八月二十四日》 加藤五景員とその子息光員・景廉は平家方の軍勢を防ぐため、頼朝の後ろにとどまり、馬を止めて矢を放ち防戦した。景員らの乗っていた馬の多くは矢に当たって斃《たお》れた。北条時政父子は戦いで疲労困憊し、頼朝がいる山の峯に上ることができなかった。そこで加藤父子は、峰に登らず時政らの共をすると申し出たが、時政が「それは行けない。早々に頼朝をお探し申せ」と命じた。加藤父子らは数町の険しい道をよじ登ると頼朝が倒れた木の上に立ち、実平が傍らにひかえていた。

《八月二十七日》 加藤五景員と子息の光員・景廉兄弟らは、さる二十四日以後の三日間、箱根の深い山中にあって、食糧も尽き気力もなくなり、呆然《ぼうぜん》としていた。中でも景員は老齢だったので、自らはこの山に残し、源家を訪ねるよう諭《さと》す。光員らはうろたえ、断腸の思いではあったが、老いた父を走湯山《そうとうさん》に送った。

兄弟は甲斐国へと向かった。夜遅くになって、伊豆国府の祓土《はらいど》(静岡県三島市)に到着したところ、地元の住人が怪しんで追って来たので、光員と景廉は散り散りになり、互いの行方が分からなくなったという。

《八月二十八日》加藤光員・景廉兄弟は、駿河国大岡牧(静岡県沼津市大岡付近)で共に再会し、悲しみの涙にえり襟《えり》をぬらした。その後、富士山麓に引きこもったという。

《十月十三日》駿河目代《もくだい》(橘遠茂)が(甲斐源氏を)襲来するとの知らせがあり、合戦が軍議で決定した。甲斐源氏の中心人物である武田太郎信義や安田三郎義定らが、富士北麓の若彦路を越えた。

加藤光員・同景廉は、石橋山の合戦後に甲斐国の方へ逃れていたが、そこで今、これらの人々と共に、駿河に到ったという。

《十月十四日》(伊沢)信光(武田信義の子)は、加藤景廉らとともに先頭に進み、兵法を尽くして戦い、多くの者が打ち取られ、遠茂は生け捕られた。

《十月十八日》駿河目代との合戦中に加藤光員が目代遠茂を打ちとり、遠茂の郎党一人を生け捕った事、加藤景廉が遠茂の郎党二人を打ち取り、一人を生け捕った事を申し上げた。また、工藤庄司景光は、波志太山で俣野景久と合戦し、忠節を尽くしたことを言上し、頼朝は皆に恩賞を与えると仰せられた。

このように、加藤光員・景廉兄弟が箱根山から走湯山、伊豆国府、駿河国、富士山麓、駿河を転々とし、甲斐源氏に加わったことを『吾妻鏡』は、日を追って紹介している。

◉『吾妻鏡』の石橋山合戦は頼朝と北条時政が中心

『吾妻鏡』に記録された石橋山の戦いから安房到着までの逃走時の記述内容を量的に把握してみた。測定対象は『現代語訳吾妻鏡』に記述された文字数である。

記述内容の量的な把握は、記述内容の軽重を考える限りそこからの解釈には無理がある。だが、一般的に重要な事柄には多くの紙幅を用意することが想定されるし、そこで割かれたテーマ別の記述量によって作者・編さん者のこだわりや意図を推察できると考えるのである。

『吾妻鏡』石橋山部分の記述内容を見ると、最も紙幅を割いているのは「頼朝方の記述」で石橋山の記述量の四十四%を占めている。

その内訳をみると、頼朝の動きと北条時政に焦点を当てた記述が多く、「頼朝方記述」の半分以上を占める。

土肥実平の動きを扱った記述量は北条時政の半分以下であり、頼朝を支えた伊豆の武将としてはその差が目立つ。

一方で加藤景員父子の動向を扱った記述量の多さが目立つ。加藤父子の記述内容の多くは、石橋山後に地点を転々とした内容だが、その記述量から何らかのメッセージが隠されているように思える。

『吾妻鏡』石橋山(8月23〜29日)の記述内容と紙幅

内容	内訳	記述量(構成比)
頼朝方の記述	頼朝の動き	874
	北条時政の動き	545
	頼朝方兵力の動向	437
	加藤景員父子の動向	362
	土肥実平の動き	260
	三浦方兵力の動向	46
	頼朝方の記述　小計	2524(44%)
大庭景親方(平家方)の記述	渋谷重国の恩情	591
	大庭景親(平家側)兵力の動向	404
	飯田家義の頼朝加勢	164
	梶原景時の頼朝見逃し	100
	平家方の記述　小計	1259(22%)
箱根権現の記述	永実の食事の差し入れ	319
	別当行実の下文の由緒	253
	箱根権現の記述　小計	572(10%)
周辺の合戦	衣笠合戦	717
	波志太山の合戦	359
	小坪合戦	222
	周辺の合戦　小計	1298(23%)
その他	天候・地形など	66(1%)
総記述量		5719(100%)

＊記述量の算出は、『現代語訳吾妻鏡』の文字数による

次に多いのは、「周辺の合戦」と「大庭景親方（平家方）の記述」で、それぞれ二割強を占める。周辺の合戦とは、衣笠合戦と、波志太山の合戦、小坪合戦であり、これらの戦いは石橋山の戦いと相互に関連していると捉えるべきであろう。この中では三浦の兵が戦った小坪合戦と衣笠合戦を合わせた記述量が十六％となる。

「大庭景親方（平家方）の記述」は二十二％を占めているが、その3分の2が、大庭景親に付きながらも頼朝側に内応したり景親に反旗をひるがえした渋谷重国や飯田家義、梶原景時の記述となる。梶原景時が巌窟に潜む頼朝を見つけ見逃したとする話は有名だが、『吾妻鏡』では一〇文字程度（二％弱）の簡素な記述にとどまっている。

石橋山の戦いは、頼朝と大庭景親が率いる平家方との戦いだが、その中で箱根権現の記述が一割を占めていることは注目される。

2——『吾妻鏡』の歪み

◉歪んだ鏡像

『吾妻鏡』は鎌倉幕府将軍の年代記風の歴史書として、治承四年(一一八〇)四月九日から、文永三年(一二六六)までの出来事が収められている。まさに石橋山の戦いに遡ること四か月前に始まった年代記であり、この開始時期から考えても石橋山の戦いが鎌倉幕府の礎《いしずえ》となる戦いであったことがわかる。

この年代記の最初に記述されているのが、後白河上皇の第二の皇子である以仁王《もちひとおう》の令旨《りょうじ》である。令旨の内容は、頼朝をはじめとする源氏に呼び掛けて平氏一族を討ち、天下を取ってほしいというものであった。

頼朝は源為義(頼朝の祖父)の末子(源行家)が持ってきた以仁王の令旨を北条四郎時政に見せた。『吾妻鏡』がここから始まっていることから、この書は源氏の貴種頼朝の東国制覇や平氏打倒を予想した時政が、後の北条一族の発展を意図して頼朝と一体となり鎌倉幕府を築こうとした歴史を残すことが目的であったといわれている。

『現代語訳吾妻鏡』によると、この書の成立は、源氏三代の将軍記が、文永の頃(一二七〇年代前半)、以降の将軍記が正応三年(一二九〇)から嘉元二年(一三〇四)の頃に成立したという。また編纂したのは、幕府の中枢部にあった北条氏の一門や幕府の機構の一つである問注所の担当者の名があげられている。さらに、編纂の材料としては、朝廷に仕えていた文士が鎌倉に下ってきて幕府の奉公人となって記した日記、それらの奉公人の家に残された文書や記録があげられている。

このように、『現代語訳吾妻鏡』では、記述内容を、編纂の成立時期、編纂主体、日記などの編纂材料の三つの要素から成ると解説している。だが、石橋山の戦いは、北条時政が頼朝と共に戦の最前線で奮闘した。つまり時政は、『吾妻鏡』の制作において、現場に立ち会った本人であり、編纂時の材料提供から編纂の承認すべてに関与している。石橋山の戦いは、時政が自身の判断で意のままに『吾妻鏡』の記録として残せる立場にあったわけである。

◉裏を察せよ——方向性を決める材料を探せ

『吾妻鏡』には、治承四年(一一八〇)の八月四日、「頼朝は時政を人のいないところへ招き、その絵図を間において、軍勢が攻め寄せる道や、進軍上の注意すべき点をすべて指示された」ことが記されている。同六日には、頼朝は主力の武士一人一人に丁寧な言葉をかけているが、「しかし真実や重要な密事は、時政以外には知らされていなかった」と書き留めている。このような二人の密事は、密事であるが故に『吾妻鏡』にも残されず、時に事実をゆがめて伝えられた可能性がある。このことは『吾妻鏡』から歴史の真実を捉えるときの死角になっていないだろうか。

当然その闇の部分に気がついて、多くの歴史家がその解明に取り組んできた。有隣堂が発行する情報紙『有隣』[4](第四八二号)には「『吾妻鏡』の謎を探る」というタイトルで識者がその読み方を教示している。

その中で五味文彦氏は、『吾妻鏡』の編纂意図については序文がないので全体の構成から考えるしかないがと断ったうえで、「令旨に象徴される朝廷の権威、頼朝という武士の長者、時政に代表される東国武士団の結びつきから『吾妻鏡』が始まっている」として、「この三つの動きから幕府の歴史を描こうとした」と指摘する。

石橋山の戦いは、頼朝と平家方との最初の戦いであり、参集した武士たちが忠君と手柄を争って『吾妻鏡』に登場する。結果は頼朝の敗北に終わるが「東国武士団の結びつき」が始まる重要な戦であり、頼朝や時政にとっては次の展開につながる戦記であることが求められるのである。これは『吾妻鏡』編纂の前提条件であった。

また作家の高橋直樹氏は『吾妻鏡』に出てくるいくつかの事件を振り返り、『吾妻鏡』は一筋縄ではいかない。ネタがポンと入っていたりするが、それがヒントを与えるつもりなのか、それでごまかそうとしているのか、どういう意図で書いたのか、よくわからない。裏を察せよと言われているようでもあるという。また真実を正面から書こうとしない『吾妻鏡』への対策として、何か方向性がはっきりしてくると、もう少し推理もしやすいのに、と「方向性を決める材料」が乏しいことを残念がる。

では『吾妻鏡』の記述からその裏を察し、方向性を決める方法はあるのだろうか。そのためには、異なる情報ソースから繋がりがありそうな記録を探し出してみることだ。石橋山から遥かに離れた地に残された「愛川頼朝伝説」は、『吾妻鏡』関係者のまったく息のかからない伝説として、高橋氏の言う「方向性を決める材料」となり得るのではないだろうか。

3――『吾妻鏡』の不可解

『吾妻鏡』の石橋山からの退却の記録をそのまま読む限り、頼朝は箱根山から土肥郷、真鶴崎に至り、そこから船で安房国に向かっている。当然、愛川八菅山に向かったとする記述は一行も見当たらない。

そこで改めて『吾妻鏡』に対する高橋直樹氏の忠告に耳を傾け、それがヒントを与えるつもりなのか、それでごまかそうとしているのか、どういう意図で書かれたのかを念頭に見直してみよう。するとそこには、歴史の真実を隠そうとする記述が散見されるのである。

◉不可解な事①――北条時政を甲斐へ向かわせる力

石橋山の逃走で最初に不思議に感じることは、固く結ばれているはずの頼朝と時政が、一貫して別行動を取っていることだ。

別行動を取る理由は、北条時政父子に常に甲斐へ向かわせる力が働いているからである。その力は二度働いている。

一度目は二十四日、北条父子は疲労困憊し山の峰に登れず、頼朝に付いて行けなくなった。そこで「北条時政と同義時は箱根湯坂を経て甲斐国へ向かおうとしていた」が、その日の夜、時政は僧永実を連れて頼朝のいる巌窟に現れる。

二度目は二十五日、頼朝と時政は共に巌窟を出て箱根山に到着するが、そこで再び敵が迫っているという知らせを受け、頼朝は土肥方向に向かおうとする。一方「時政は、これまでの事情を(甲斐の)源氏に伝えるため、南光房を伴って山伏の通る道を経て甲斐の国に向かった」が、すぐに「頼朝の到着する場所を見定めなければ、源氏の軍勢を集めようとしても彼らはやって来ないだろう」と引き返す。つまり、二度とも時政は頼朝の元に戻るのである。

時政が甲斐にこだわるのは、甲斐源氏に平氏打倒の旗揚げを要請し、東国(相模以東)の兵と合流させる狙いがあったからであろう。甲斐源氏には伊豆との関係が深い武士が大勢いた。そこで時政に与えられた任務として、石橋山の戦いの戦力として甲斐源氏の勢力に期待する狙いはあったはずだ。実際に石橋山の戦いが終了し安房に到着した後で、頼朝は時政を甲斐国への使者として送っている。

だが合戦中二度にわたる甲斐行きは、頼朝が土肥や箱根の山中にいて、必死に敵から逃れようとしている状況下なのである。頼朝の安全が確保されていないときに甲斐国への支援を求めて頼朝の元を離れる行動は、時政の優先順位が間違っているか、別の意図があったとしか思えない。

◉不可解な事②──箱根権現の支援を隠す難解な記述

北条時政父子が二十四日、頼朝の一団から離脱したあと、山中に潜む頼朝のいる巌窟に戻ってくる場面がある。その場面に箱根山（箱根権現）の僧永実が頼朝に食事を届ける場面が併記されている。

夜になって、時政が杉山にいる頼朝の陣に到着された。箱根山の別当行実は、弟で僧の永実に食事を持たせて頼朝のもとを尋ねさせたところ、永実はその前に時政に会い申し、頼朝の動向を尋ねた。（中略）これを聞いて時政は大いに笑い、永実を連れて頼朝の御前に参上された。

時政の行動はなんと曖昧でわかりにくいことか。

時政が頼朝のもとに戻った場面は、時政が甲斐に行く途中から戻ってきたかのような記述と、どこかで永実と出会い永実を連れて頼朝の所に行ったとする記述の二つが併記されている。その結果、二人は偶然山中で出会い、時政が永実を巌窟に案内したかのような内容となり、「よくぞ時政は山中でばったり永実と出会ったものだ」とか「よくぞ時政は暗闇の山中で頼朝の居所を探し出したものだ」と思ってしまう。

しかし、上記の記述は、時政の隠された行動を想定すれば単純であり、「時政は山中で頼朝について行けず離れ離れになったため、箱根権現を訪れた。そこから僧の永実の案内で潜伏場所に決めていた巌窟に到着した」ということになる。

単純な話をなぜ複雑に書いたのか。私は、頼朝と時政の計画のなかに、敗走路のルートとして巌窟の利用や箱根権現の役割が組み込まれていたのだと思う。

箱根権現は修験道者(山伏)の集まる神社であった。周辺の洞窟は修験の場として日夜利用されていたため、修験の道を究めた永実が深夜に時政を巌窟まで案内することは十分可能であった。そこで時政は先ず箱根権現を訪ね、頼朝がまだ権現に着いていないことを確認すると、僧永実の案内で頼朝が潜んでいると思われる巌窟の所まで案内してもらった。これならば時政は闇夜の山中でも迷わず頼朝の潜む巌窟に到着できるのだ。

では、あえて内容を複雑に書き残した意図は何か。一つは、頼朝が皆に分散を指示した後で、時政が示し合わせたように頼朝の元へ戻る記述にはしたくなかったということがあろう。そしてもう一つは、石橋山の戦いでは箱根山の僧たちによって助けられたとする記録は残したくなかったのであろう。

◉不可解な事③──箱根権現の「下文」とその成果

箱根山の別当行実は、石橋山から逃れてきた頼朝の一行を匿《かくま》い、出来る限りの支援をした。頼朝や時政には緻密な計画があったはずなので、箱根権現は、戦いの前から逃走時の集合地点の一つとして想定されていたのであろう。

『吾妻鏡』に記された箱根山の主な支援は、別当行実の弟である僧の永実に頼朝のいる巌窟に食事を届けさせたこと、頼朝を巌窟から連れ出し箱根権現の行実の宿坊や永実の宅に匿ったことの二つだった。前者には「その食事は、全員が飢えていた時だったので、千金に値した」という記述もある。だが、箱根権現の支援は、そのような食事や宿の提供だけだったのであろうか。箱根権現の働きには、『吾妻鏡』に記されていない箱根権現に到着した後の行実たちの活躍が隠されていると思う。そのヒントを与えているのが二十四日の記述である。

『吾妻鏡』には、別当行実が頼朝を箱根山にかくまった折に行実や永実を称賛する次のような件《くだり》がある。

この行実は、父の良尋の時に六条廷尉《ていい》禅室（源為義）、左典厩《さてんきゅう》（源義朝）らと多少の親交があり、これによって行実は、京都で父の譲りを受けて箱根山の別当職に補任され、京都から箱根に向かった折、行実が賜った為義の下文《くだしぶみ》（下達文書）には「東国の輩は、行実がもし催促したならば従うように。」とあり、義朝の下文には、「駿河・伊豆の家人《けにん》らは行実が催促したならば従うように。」とあった。そこで、頼朝が北条にいらっしゃる頃から、頼朝のために祈禱をし、ひたすら忠義を尽くしてきたという。石橋合戦での敗北の報を聞き、一人で愁え嘆いていたという。弟たちはたくさんいるけれども、武芸の器量がある永実を頼朝に遣わしたという。（傍線は筆者）

このような箱根山別当行実への賛辞が二十四日の敗走の直後に挿入されているのには、それなりの訳があるはずだ。

私は、二十四日深夜、箱根権現についたとき、別当行実と面会した頼朝と時政は、その後の逃走について重要な密議を行ったとみる。具体的に言えば、上記の記述意図は、行実が保有する源為義や義朝の下文の使用を頼朝に勧めることであったと推理する。

下文とは、「下《くだす》」という文字の下に相手先の名を入れた命令文書であり、後日公験(特権を認める証明書)として用いることができる。そこには指示の内容、発給年月日、命令者の名が入る。将来の権利移転(当事者の変更)を見越して相手先の名称を省いた下文もある。行実が賜った下文はその内容からして相手先を空白にした文書であったと思われる。そこで行実は、下文の空欄に相手先の名を書き込み、差出人の源為義や義朝の署名・花押の後に箱根山別当行実の署名と、これに加えて頼朝の名を入れさせたであろう。行実はこのような下文を用意し、それを頼朝に持たせたと思われるのだ。

つまりこの下文は、これから向かう逃走の支援者たちに対し訪問者が頼朝本人であることを証明し、為義や義朝の名義で頼朝への支援を命ずる証書となるのである。

『吾妻鏡』では、頼朝が土肥から真鶴の海に出るとしたために、箱根権現によるこのような逃走の支援が表に出る事がなかったのであろう。

では、この下文によって頼朝の逃走を支援した証拠はあるのだろうか。私は、その痕跡は、後に頼朝が箱根権現に与えた褒賞で説明できると思う。

頼朝は、石橋山の敗戦からわずか二か月後の十月十六日、相模国早河庄を箱根権現に寄進している。さらに当時、箱根権現は三十年に及ぶ社殿造営事業を行っていたが、その三期目が寿永二年（一一八三）に始まった。この時頼朝は三年がかりで四十八間の回廊やその他の堂塔を悉く修復し寄進したのである。〈5〉これ以外にも平家追討の所願成就の祈禱注文の次第書や奉幣行事のことなどが、『吾妻鏡』には随所に記録されている。

頼朝のこれらの箱根権現への恩賞の数々をみれば、頼朝が箱根山からすぐ土肥・真鶴へ引き返したのではなく、下文を活用し、支援を得ながら逃走に成功したと考えることによって、はじめてこれらの恩賞の意味が説明できるのである。

◉不可解な事④——梶原景時が頼朝を見逃した話の真意

石橋山合戦を取り上げる後世の諸本や演劇でのヤマ場の一つは、梶原景時《かじわらかげとき》が頼朝の潜んでいる場所を知りながら見逃したという話であろう。「平家物語」諸本では、このような頼朝に内応する平家方の武将たちの話が、石橋山の奇跡をもたらした背景要因として伝えられている。『吾妻鏡』には確かにこの記述があるのだが、そのあとの頼朝の反応は想定外であり、頼朝は所持していた正観音像を取り出し、正観音像にまつわる話を始めるのである。

（大庭）景親は頼朝の跡を追って峯や谷を探し回った。ここに梶原平三景時という者がおり、確かに（頼朝の）御在所を知っていたが、情に思うところがあって、この山に人が入った痕跡はないと偽って景親の手勢を引き連れ、傍らの峯に登っていった。

その時、頼朝は御髻《もとどり》の中の正観音《しょうかんのん》像を取り出され、ある巌窟に安置された。（土肥）実平が頼朝のお考えを問い申したところ、仰《おっしゃ》ることには、「自分の首が景親らの手に渡る日にこの本尊を見れば、源氏の大将軍がすることではないと人はおそらく後々まで非難するだろう」。この尊像は頼朝が三歳の時、乳母が清水寺に参籠《さんろう》して幼児の将来を懇《ねんご》ろに祈り、十四日を経たところ、夢のお告げがあり、忽然と二寸の銀の正観音像があらわれたので、帰依し崇敬申し上げてきたという。

岩窟の中に逃れて一段落した時に頼朝の頭をよぎったことは、敵方に助けられたという安堵感ではなく、源氏の大将軍でありながら合戦のさなかに髻（髪を束ねた部分）の中に正観音像を入れていたことへの自戒であった。

じつはこの梶原景時の説話の前には、次のような類似の挿話がある。土肥実平や頼朝による分散指示の後のことである。

その後、(飯田五郎)家義が(頼朝の)後を追って参上した。頼朝の御念珠《ねんじゅ》を持参したのである。これは今朝の合戦の時に道に落とされていたものである。いつもお持ちになっていたので、狩場の辺りで相模国の武士の多くが拝見していた御念珠である。そこであわてておられたところ、家義がこれを探し出したので、再三にわたって感謝された。

飯田家義は頼朝側に馳せ参じようとしていたが、大庭景親の軍勢が道に連なっていたために心ならずも景親の陣にいた。その家義が偶然にも御念珠を見つけてくれたので景親側に拾われずに済んだという。

頼朝はかねてから、相模武士たちの間で、神仏への信仰心が強いことが知られていた。ここでも源氏の大将となりながら、戦場で神仏に助けを求めていたと非難されることを危惧している。

話を梶原景時にもどすと、『吾妻鏡』に記されているように景時は巌窟の前に来たこともなければ、頼朝と顔を合わせたこともない。
景時が初めて頼朝に会うのは、年も明けた養和元年(一一八一)正月十一日のことである(『吾妻鏡』)。

十一日　梶原平三景時が頼朝のご命令によって初めて御前に参上した。去年の十二月頃、(土肥)実平が連れて来ていたものである。景時は文筆に携わるものではなかったが、弁舌に巧みであった。非常に(頼朝の)お気に召したという。

頼朝の命を救ったのであれば年も明けないうちに恩賞などがあってしかるべきだろう。頼朝の在所を知りながら見逃したという景時の説話は、頼朝にとって、たとえ景時が創作した架空の手柄話だったとしても、逃走中の緊張感を伝える話として使えると思ったはずだ。
前段の飯田家義の話とあわせて、これらの挿話の意図は、頼朝を知る周囲の相模武士に対して、仏徒として過ごした頼朝が武士の力で戦う頼朝へと脱皮する頼朝像を示すことであったと思われる。

◉不可解な事⑤――加藤兄弟八月二十五日の出来事

石橋山での加藤光員《みつかず》・景廉《かげかど》兄弟の行動にはいくつかの不自然さがみられる。

まず一つ目は、加藤父子の逃走時の行動に関する詳細すぎる記録である。頼朝に従った多くの武士が分散を促されていた中で、なぜ加藤兄弟だけは八月二十四日から二十八日まで五日間の所在がすべて記録されたのだろうか。その情報量(記述文字数)は、土肥実平を優に上回るのである。

二つ目は、その後の行動として、加藤兄弟は甲斐源氏と共に駿河目代(橘遠茂)との戦い(十月十三日)に参加している。『吾妻鏡』を読む限り、兄弟二人が分散後、北条時政らと接触した記述はない。独断で甲斐源氏の一団に加わり彼らの合戦に参加することなどあり得るのだろうか。

そして三つ目は、加藤光員・景廉兄弟に対して十月十八日、頼朝から恩賞が与えられていることだ。甲斐源氏の合戦に参加して戦果を挙げたからといって、頼朝が恩賞を与えるのは筋違いではないか。兄弟二人は甲斐源氏の指揮下で行動していたのである。すると二人が八月二十四日から三日間、箱根山中に潜んでいた時の行動が気になる。何のために箱根山に留まっていたのだろうか。

丁度その頃、箱根山周辺では二つの動きがあった。

一つは二十五日に起きた波志太山の戦いである。甲斐源氏は大庭景親の弟俣野景久の軍と戦い勝利し、景久は敗れ去ったという。波志太山の比定地は諸説あるが、石橋山から甲斐国に向かった俣野景久は、その前に駿河国目代の軍勢と合流していることから想定して富士東麓であろう。すると箱根山からもそれほど遠くないところでの戦いなのである。

もう一つは、北条時政の動きである。時政は二十五日、これまでの事情を甲斐源氏に伝えるために箱根山から甲斐国へ向かうのだが、急遽引き返して頼朝の元に戻る。

つまり、甲斐源氏と北条時政は八月二十五日、奇《く》しくも富士東麓の箱根山周辺に至り、加えて加藤兄弟が両者を待ち構えるように前後三日間にわたり箱根山に潜んでいた。そこからは、加藤兄弟を介して頼朝の逃走をもくろむ北条時政と甲斐源氏との間で、何らかの接触が仕組まれたことが想像されるのである。

◉不可解な事⑥——頼朝は箱根山で待機——「土肥の方へ」のトリック

『吾妻鏡』の頼朝の記録は、二十五日に箱根山を離れてから二十八日に土肥の真名鶴崎で船に乗るまでの三日間が空白となっている。

この三日間に頼朝には何が起きていたのか。その疑問を探る鍵は、空白期間が始まる直前の頼朝の行動にありそうだ。

頼朝が箱根山で目撃された最後の場面を確認しておこう。二十四日の夜には頼朝は箱根山に到着し、二十五日は人目を避けて行実の宿坊から永実の宅へと潜伏先を移している。すると、この場所も大庭景親たちに知られる恐れがでてきたため、別当行実は頼朝に「早くお逃げになってください」と伝える。この永実の宅からの逃走要請を受けた後の記述が下記である。

そこで山の案内人をお連れになって、実平と永実とともに箱根路を経て土肥郷へ向かわれた。時政は、(中略)この南光房を伴って山伏の通る道を経て甲斐の国に向かわれた。しかし、頼朝の到着する場所を見定めなければ、源氏の軍勢を集めようとしても彼らはやって来ないだろう。それならば、すぐに(頼朝の)後を追って参上し、御居所から御使者として彼らに会うのが良い、と思案したので、途中で引き返して土肥の方へ(頼朝を)尋ねて行かれた。南光房は箱根山に帰ったという。(傍線は筆者、( )内は現代語訳者の挿入)

まず気になるのは、この二十五日の箱根山での行実との会話、「早くお逃げになってください」

以降、土肥郷や真鶴崎からの出航の直前まで、頼朝はまったく登場していないのである。

従来の解釈では、「実平と永実とともに箱根路を経て土肥郷へ向かわれた。」という記述から、頼朝が土肥実平や永実と共に土肥郷へ向かったと理解されているが、漢字体の『新訂吾妻鏡』〈6〉から該当箇所を拾うと「実平并永実等往筥根通、赴土肥郷給」とあり、「実平ならびに永実らは、箱根路を経て土肥郷に向かわれた」と読める。目上の人には付けないであろう「等(ら)」をつけて、頼朝を実平一行に含めていいのだろうか。

後段では、時政が「(甲斐に行く)途中で引き返して土肥の方へ(頼朝を)尋ねて行かれた。」という記述があるので、やはり土肥に向かっているという指摘もあろう。しかしこの箇所も、(頼朝を)のカッコ内は、頼朝が真鶴から船出したことを前提とした現代語訳者の解釈である。

私は、甲斐に向かった時政が、「途中で引き返して土肥の方へ訪ねて行かれた」という記述は、頼朝が土肥に向かったと思わせる『吾妻鏡』特有のトリックだと思う。なぜならば、時政が甲斐国に向かったあと途中で引き返し、土肥の方に向かえば、途中、箱根山を通過することになるからだ。

類似した記述があった。二十四日の合戦のさ中、石橋山中で「時政と義時は甲斐国へ向かおうとしていた」という記述だ。この時も時政は目的地とした甲斐には行かず「甲斐方向にある」

箱根権現にたどり着いている。今度も同じトリックが使われている。甲斐国に向かった時政が引き返して土肥方面に向かえば、時政は再び箱根山周辺で待機していた頼朝の元に戻れるのだ。『吾妻鏡』は一僧侶である南光房についてなぜ「南光房は箱根山に帰ったという」という記述を残したのか。これも、時政が頼朝と合流するために箱根山に戻ったことを示すヒントであろう。

頼朝は、時政が甲斐に向かい再び箱根山に戻って来るまで、箱根山に潜伏していたと思われる。

◉不可解な事⑦——箱根山から海に出ることの非現実性

そもそも頼朝たちが箱根権現に行き、その後、真鶴まで引き返す『吾妻鏡』のルートは現実的なルートと言えるのだろうか。

箱根山から再び土肥に向かったとする頼朝の行動には、研究者からも疑問視する声がある。

坂井孝一氏は、頼朝が石橋山の戦いに敗れて箱根権現に避難したことについて次のような指摘をしている。「険阻な峠を越えて芦ノ湖畔の箱根権現に到着するのは難しい。しかもその後、頼朝は相模湾の真鶴岬まで移動するのである。箱根権現から再び険しい峠を越えて海に出るという選択は現実的ではない」(『源頼朝と鎌倉』)。またその結論として、「箱根権現への避難は、箱根権現や時政の貢献を強調する意図のもとに挿入された記事の可能性があろう」と判断し、箱根権現に行ったことを疑っている。

たしかに海辺に近い石橋山から標高七〇〇メートルもある箱根権現に行き、そこから再び険しい峠を下って海に出るという選択は不自然である。土肥に戻るということは平家の兵たちが必死に捜索している戦場に引き返すことにもなり現実的ではないのだ。

しかし頼朝が箱根権現に行かなかったという解釈は、もう一つの可能性を見逃している。それは、箱根権現からさらに山奥に入る逃走ルートがあるということである。

◉不可解な事⑧——土肥実平の「別の計略」の意味

北条時政が甲斐の国に向かおうとしているあいだ、土肥実平は何をしていたのだろうか。

土肥実平の言動にも不自然な箇所がみられる。実平は、二十四日険しい山を登ったところ（倒木の上）で、まだ多くの武士が頼朝と行動を共にしていることを諫《いさ》めて、「今の離別は後の大幸のため」と皆が分散することを提案している。この場面の記述を『吾妻鏡』から取り上げてみよう。

実平が言った。「おのおの無事に参上したことは喜ばしいことではありますが、これだけの人数を引率されてはこの山に隠れるのはきっと難しいでしょう。御身だけは、たとえどれほどの時間がかかっても、実平が計略をめぐらして隠し通しましょう」。しかし彼らはお供したいと申し上げ、また（頼朝も）それをお許しになろうとした。実平は再び次のように言った。「今の離別は後の大幸のためです。共に生きながらえて別の計略をめぐらしたならば、会稽《かいけい》の恥を雪《すす》いで復讐を果たすことができるでしょう」。これによってそれぞれが分散することとなった。悲しみの涙に目が遮《さえぎ》られ、歩くべき道が見えないほどであったという。（傍線は筆者）

この情景から私たちは、「実平が隠し通しましょう」と言っているのだから、実平は頼朝に付添い、別れを惜しむ配下の兵に対して伝えている言葉だと解釈していないだろうか。しかし「共に生きながらえて別の計略をめぐらしたならば」という言葉は、実平が頼朝に付き添うという前段の解釈を否定する。

「共に生きながらえて」「別の計略をめぐらす」ということは、采配の権限を持つ頼朝以外の武将が頼朝と別れて、別々の計略を用いるということになる。だが、采配の権限を持つ者は、頼朝を除けば北条時政か土肥実平しか見当たらない。そして、時政は既に山の峯に上ることができず、頼朝と離れ離れになっている。一方の実平は『吾妻鏡』にもとづくかぎり、その後も頼朝に同行したまま真鶴から頼朝と共に安房に向かっている。この場面から、頼朝と離れて別の計略を実行できる武将がいないのである。

頼朝と別れて「別の計略」を実行する武将は誰なのだろう。

◉不可解な事⑨――真鶴からの出航場面の不自然さ

頼朝が真鶴から出航したとする『吾妻鏡』の記述には、いくつかの不自然な箇所がある。

頼朝一行の真鶴からの船出を次の様に記している。

二十七日　北条時政、同義時、岡崎四郎義実、近藤七国平らは土肥の岩浦から船に乗り込み、やはり安房国を目指して船出した。そして海の上で船を並べていくうちに三浦の者たちと出会い、心中の心配事などを話し合ったという。（文中の「やはり」は、本文の前に、三浦義澄らが安房国へ赴いていたことを受けたもの）

二十八日　頼朝は土肥の真名鶴崎から船に乗り、安房の方へ赴かれた。実平は土肥の住人である貞恒に命じて小舟を準備させたという。
二十九日　頼朝は実平を連れて船を進め、安房国平北郡の猟島《りょうしま》に到着された。時政をはじめとする人々がお迎え申し上げた。

北条時政たちは頼朝が真鶴を離れる前日に土肥郷の岩浦(現、真鶴町岩)を離れている。いちばん身近にいるべき時政が、ここでも頼朝とは別の行動をとり戦場に頼朝を残して一足先に真鶴を出港している。かつ、時政の一団は「船を並べていくうちに」という記述から船は複数艘であった。危険な地域に潜伏しているのであれば、大将の頼朝から脱出させるのが道理であろう。

頼朝と実平が乗った二十八日の船の記述も気になる。頼朝は「船」に乗って安房に向かい、実平は土肥の住人に「小舟」を準備させたという。実平の記述は、頼朝の乗った船の説明とも理解されるが、船種を「船」と「小舟」と分けているのだから、果たして頼朝が実平を連れて同じ船で安房に向かったのかどうかも疑問だ。頼朝が誰と船に乗ったのかという情報は、『吾妻鏡』を読む限り全く読み取れない。

頼朝と実平が一緒であることをうかがわせるのは到着したときの記述である。ここでは「頼朝は実平を連れて船を進め、安房国に到着された」と、はっきりと書いてある。だが、乗船時と下船時の船が同じ船、同じ乗船者であると考えることは、頼朝が真鶴から海を渡って直接安房まで行くことを前提とした、歴史の定説からの思い込みであろう。

第三章の『延慶本平家物語』では、この出航時と到着時の状況に新たな証言を加えることになる。

第二章——もう一つの記録『延慶本平家物語』

『延慶《えんぎょうぼん》本平家物語』による石橋山の記述は、土肥実平の行動を中心に構成されている。記述内容にはリアリティがあり、戦場の生々しさが伝わる。一方、頼朝はその場面にいるはずなのにその言動を伝える記述は少なく、そこには一見不可解な複数の挿話が書き込まれていている。「愛川・頼朝来訪仮説」の視点で『延慶本平家物語』を読み直してみると、そこに書き込まれたこれらの挿話は、頼朝の所在にかかわる隠された真実のように思える。

1——石橋山の戦いを三浦方の視線で見る

◉『延慶本平家物語』とは

平家物語と一口にいってもその領域は広い。大きく分けると、平家物語には語り本と読み本がある。語り本は、盲目の琵琶法師によって琵琶を引きながら語られたというもの。後世の音楽や芸能に取り入れられることも多く、ことに能には「船弁慶」「七騎落」「敦盛」など平家物語を基にした演目が多い。

一方、読み本の種類は多様であり、大別すると一方流諸本、八坂流諸本、増補されたる諸本の三部門に分かれる[1]。

ここで用いる『延慶本平家物語』（以下『延慶本』）は、延慶二年（一三〇九）から翌年にかけて真義真言宗の総本山である根来寺（和歌山県）で筆写されたとされる、平家物語諸本の中でも最古写本の一つである。

冒頭の言葉は記憶に残っている人も多いだろう。

> 祇園精舎《ぎをんしやうじや》の鐘の声、諸行無常《しよぎやうむじやう》の響きあり。沙羅双樹《しやらそうじゆ》の花の色、盛者必衰《じようしやひつすい》の理《ことわ》りを顕《あらは》す。驕《おご》れる人も久しからず、春の夜の夢尚《なお》長し。猛《たけ》き者も終《つひ》に滅《ほろ》びぬ、偏《ひと》へに風の前の塵と留《とま》らず。

石橋山の戦いは、平家にとっては滅びに向かう端緒となる戦であり、滅ぼす側の頼朝にとっては盛者になるための洗礼を受ける戦いであった。

◉『延慶本』石橋山の戦いのあらすじ

『延慶本』では石橋山の戦いをどのように扱っているのだろうか。『延慶本』は『吾妻鏡』のような日記形式にはなっていない。日付が書かれた記述もあるが、多くは日ごとの経過は明確ではなく、記述の順から日付の流れを想定することが許される程度である。

ここでは頼朝が石橋山に向かった場面から、安房の国に到着するまでの主要な流れを要約して紹介しよう。なお、要約は、『延慶本平家物語全注釈第二末[2](巻五)』(以下『延慶本全注釈』)を参考にした。また、文中( )内は筆者による補足である。

◇石橋山に集結した武士たち

伊豆国から頼朝に従った輩(武士)として五十一名を列挙する。(『吾妻鏡』では石橋山の戦いで頼朝に付き従った武士として四十六名を載せているが、人名の多くは一致している)

八月二十日に頼朝は土肥に至り、北条時政、土屋三郎宗遠、土肥実平(『延慶本』では「真平」だが実平で統一した)らを集めて戦の進め方についての評定(協議)が行われた。

◇御家人への出陣要請

実平より国々の御家人のもとに出陣を促す廻文（回覧文書）を用意することが提案され、使いとして藤九郎（安達）盛長が指名された。

御家人からの反応は次のようであった。

波多野馬充康景、参ぜず。上総介《かずさのすけ》八郎広経《ひろつね》（廣常）、千葉助経胤《つねたね》（常胤）は、「忠をあらはし、名を止めむこと、此の時にあり」と、馳せ参じようとしたが、渡る兵に対して船が間に合わず遅参した。滝口三郎（山内首藤経俊《やまうちすどうつねとし》）は、「（平家と戦うことは）富士山とたけくらべ、猫の額についたものをねずみが狙うようなもの。なむあみだぶつなむあみだぶつ」と快い返事はない。

三浦方の総領である三浦介義明は「今は世の末で、日を経るごとに悪事が増えている。滅亡のときが近づいているようだ。その後はまた源氏が繁栄することは間違いない。一同頼朝のもとに参集しよう」と賛同する。（『延慶本全注釈』の解説では、この時点で廻文をすることは不可能。三浦方は惣領自らが率先して出陣しようとしていたことを強調しているとする）

◇石橋山での平家方との対峙

頼朝側の伊豆・相模両国からの総勢は、三百余騎を上回らなかった。(「三百騎」という数字は『吾妻鏡』でも同じである。頼朝側の武将たちに共有された公称の数だったのであろうか。

頼朝側は八月二十三日に土肥郷を出て早川尻に陣をとるが、湯本の方からも攻めてこられると逃れられないということでコメカミ(米神)石橋という所に陣を取った。

一方大庭三郎景親は、二十三日の夕刻になって、武蔵・相模両国の主力勢力二十二名以下三千余騎を率いて石橋に押し寄せた(景親二十二名の中には「愛川頼朝伝説」に関係する海老名源八権守秀貞〈季貞〉はじめ、一族の子息荻野五郎、同彦太郎〈荻野五郎の子〉、海老名小太郎〈季久〉が含まれる)。

◇口上合戦

大庭景親は「明日になると頼朝の勢力が増すだろう。後方から三浦も来ているという。今から頼朝を追い落として、明日は三浦の人々と勝負をつけるべきである」として、平家側三千余騎が声をととのえて鬨《とき》の声をあげた。頼朝側も鬨の声を合わせて鏑矢《かぶらや》を放った。山びこがこたえて敵方にも劣らないほどに聞こえたという。

次に戦いの前に血筋の正統性を披瀝し軍《いくさ》の大義などを伝えるための口上合戦が行われた。大庭景親、次いで北条時政が交互に口上をのべた。

◇初戦の一騎打ちと佐奈多与一の最期

口上が終わると、「軍の一番」は誰が行うかが決められた。二十三日たそがれ時、先陣を務めるものとして頼朝側からは佐奈多与一義忠《さなたよいちよしただ》のもとに十七騎、平家側からは大庭景親の弟俣野五郎景久のもとに七十三騎が選ばれたが、暗くなり敵味方の区別さえできなかった。

行く手は海、背後には山、暗闇の中で雨は降る、道は狭しという中で佐奈多と俣野が進み出て二人の決闘が始まる。あまりに暗くて敵も味方もわからない中で二人は馬上から「佐奈多与一義忠ここにあり」「俣野五郎景久なり」と声をかけ合いながら近づき、馬を寄せて組み合うと、共に下へ落ちた。最後は佐奈多が馬乗りになるが、俣野はいとこ長尾新五の力を得て佐奈多与一を斬り倒す。岡崎は鎧の袖をぬらした。その後、軍は夜もすがら続いたという。（佐奈多与一は、岡崎四郎義実の嫡男であり、三浦義継を祖父とする。三浦一族の血を引くものであり、戦いには負けたが三浦武士の心意気を詳細に伝えている）

◇山中の撤退

石橋山の戦場は崖を背にした急斜面の地である。敵は数千で攻めてくるが、道が狭く足元も悪いので一度に押し寄せることはない。二三騎の相手には善戦するが矢が尽きれば一度に引き退くしかない状況であった。

二十四日の朝には頼朝の勢力は山の上の方に引いていたが、荻野五郎末重・同子息彦大郎秀光以下、兄弟五人が頼朝に追いつき、罵声を浴びせる（罵声の内容は第一章〈荻野五郎の斬罪の項〉参照）。頼朝は二三の矢を放って防戦した。この時何人もの兵を失うが、頼朝は椙山（杉山）に入ることができた。

山の峰の臥木のあるところまで来るとこれだけの数では逃れられないと判断した頼朝は、「人が多くては好ましくないので、各々ここから散りじりに分かれなさい」と告げる。そこで配下の一人が「平家の天下である限りどこへ行っても逃れることはできない。ならば一同揃って戦い抜きましょう」と言う。頼朝はさらに「頼朝が思うところがあって申しているのに、なぜわからない。」と諭すと、思い思いに散っていった。

北条時政と子息義時は、そこから山伝いに甲斐の国に赴いた。

加藤二景廉は、伊豆三島などを経由したあと、兄光員に行き合って甲斐の国に行った。残る武士たちは、伊豆、駿河、武蔵、相模の山林に逃げ込んだ。

頼朝と共に山に居残ったのは土肥二郎実平、子息弥太郎(遠平)、甥の新開の荒次郎、土屋三郎(宗遠)(実平の弟)、岡崎四郎(義実)の五人、下郎として小舎人(雑役)男七郎丸。頼朝を入れてたったの七騎であった。実平はここで、かつて山に籠った七騎が本意を遂げた「七騎落」の先蹤《せんしょう》(先人の事跡)を述べ、今日の有様は吉例だと告げる。

◇三浦方に届いた石橋山の戦況

相模川の近辺にて待機していた三浦の隊に、石橋山の情報が入った。すでに戦は始まって、佐奈多与一は打たれ、頼朝も打たれたという噂が伝わっているという。これを聞いて三浦の兵たちは「大将がいる限りは、百騎が一騎になろうとも戦うが、このような状況になれば自害しかない」という話をしていた。それを聞いた三浦義澄は「海辺に近ければ、船に乗って安房上総の方に行ったかもしれない。またはるか先まで山々が続いているので、そこに籠っているかもしれない」として自害はもってのほかであり、戦い抜くべきであると説く。

◇小坪合戦

石橋山での頼朝軍敗退を知った三浦の兵は相模川を渡り、腰越・稲村・湯居浜《ゆいのはま》などを過ぎて、小坪坂を上がっていた。夜もようやく明けたころ、湯居浜いなせ河の辺りに行くと、畠山二郎（重忠）らの武士団が四百騎ほどで陣を張っていた。三浦勢は、相手をけん制しながらいったんは事無く別れようとしていたが、配下から「湯居浜ですでに戦が始まった」という間違った知らせを受け、七、八騎の馬を走らせたことで戦いが始まった。三浦方は、戦いを優位に進め、畠山方は負傷者が数知れず、三浦方に上総下総の勢力が加わり取り囲まれてはならないと、戦いながら兵を引いた。

◇衣笠合戦と三浦義明の最期

逃れた畠山の勢力が体勢を立て直し、すぐ攻めてくることは明らかだった。輪田（和田）義盛は、奴田城《ぬたのじょう》なら周りは皆石山で一方は海なので百人もいれば一、二万騎押し寄せても防げると提案した。しかし、大介（三浦義明）は平家を敵に討ち死にしようとしているのだから名所の城で討ち死にしたいと言い、衣笠城に籠ることとなった。

上総介廣常の弟金田大夫頼経は三浦義明の婿であったため七十余騎で駆け付け、三浦の勢を合わせて四百余騎で守りを固めた。

二十六日朝、武蔵国の住人、江戸太郎、川越太郎をはじめとする一団およそ二千騎が衣笠城を襲った。衣笠城は守りにくい城だったため、夕刻には多くのものは久里浜から船に乗り、安房に向かった。

◇土肥からの脱出——焼亡の舞

頼朝は、土肥の鍛冶屋が入《い》るという山に籠っていた。その峰から土肥を眺めると、伊東入道が実平の家や土肥の家々を焼き払っているのがみえた。実平はその光景を眺めて「土肥に三つの光あり、第一の光は八幡大菩薩が頼朝を守る光、……」と舞を奏でて人々を喜ばせた。

そこに実平の妻の送った使者が来て、「三浦の人々は小坪坂の軍では勝ったが衣笠城の軍では打ち落とされてしまい、頼朝を尋ねて安房国の方へ行きました。急いでその人々と合流してください」という連絡が入った。

実平はこの話を聞いてこれは大変喜ぶべきことだと考え、「(頼朝と)一緒に安房に着いて、そこで弘経・胤経を加えて、もう一度冥加のほどを見せてあげましょう」と小浦というところに出て、海人船《あまぶね》一艘に乗って安房国に赴いた。頼朝以下の者七人(名前の記述なし)は乱れ髪の状態であったために烏帽子をかぶる人もいなかった。

そこに二郎太夫というものが現れ、烏帽子《えぼし》を十頭献上したので頼朝は喜んで、「この者に国でも荘園でも本人が希望するものを与えよ」といった。

土肥実平が「この船を急いで出せ」というと、子息土肥弥太郎遠平は、己《おのれ》の舅《しゅうと》（妻の父）である伊東入道を「しばらく待ちましょう」といったので、親子の言い争いがあり、岡崎義実が仲裁する。やがて船を出したが案の定、伊東入道三十余騎が鎧兜に身を固め追いかけてきて、そのあとからも数百騎が攻めてきた。「よく船を出したものだ」と人々は言い合っていた。

◇甲斐に向かった土屋宗遠が夜の足柄山中で偶然息子と出会う

頼朝は、時政が甲斐に赴き、すでに武将たちに状況を告げていることを知らず、実平の弟にあたる土屋宗遠《むねとう》に、甲斐に行って経緯を知らせるよう指示を出した。そこで宗遠は、夜に入って足柄山を越えるが、関屋（関所の番小屋）の前には火が焚かれ、人が大勢横になって寝ていた。宗遠は足音高く咳払いをして騒々しい音を立てたけれども誰からも声をかけられることもなかった。

そこを抜けると、人一人と行き会う。用心して話をしてみると、その者は偶然にも甥《おい》で息子

（養子）である土屋小次郎であった。

宗遠は、小次郎が平家に仕えて在京していた帰りであったため、用心して有のままには言わず、兵衛佐殿（頼朝）は甲斐に向かったというので尋ねようとしているところだと伝え、小次郎を連れて甲斐へ行く。

◇安房への到着

三浦の人々は、安房国の龍が礒に着いた。しばらく休んでいると、雲の隙間から船が一艘見える。「あの船は見慣れない船だ。これほどの大風の中で、海人船・釣り船・商い船などではない。もしや頼朝殿の船ではないか」といっている間に船はだんだん近くなった。本当に頼朝の船かどうかを笠じるし（敵味方を区別するための目印）を確認して、三浦の船からも笠じるしを示した。

頼朝は、打ち板の下に隠れていて、その上には武将たちが何人も乗っていた。（三浦方の）和田小大郎（義盛）が「頼朝殿は（安房に）渡れたのか」と聞くと、（頼朝に同行してきた）岡崎義実がそれに応え、「我々もわからなくて探しているところだ」など、しばらく探り合いの会話が続いた。頼朝はしばらく打ち板の下に隠れていたが両者に気遣い、頃合いを見て「頼朝はここにあるは」と打ち板の下から姿を現した。三浦の人々はその光景を拝見し、泣いて喜び合った。

◉『延慶本』の石橋山は三浦方の話題が中心

『延慶本』では、石橋山の戦いが三浦方の出来事を中心に記述されていることが明らかであろう。そこで、石橋山の戦いを扱った記述領域を内容別に分類し、それぞれの記述量を調べてみた。その狙いは『吾妻鏡』と同様に、そのテーマに対する記述量が作者の関心領域やそれへのこだわりを表していると考えるからである。

なお記述量は、『延慶本全注釈』の行数にもとづく概数である。

記述内容を分類すると、石橋山の記述部分は、

A——石橋山の戦いを客観的に伝える記述

B——三浦方に関係する石橋山の戦いの記述

C——三浦で起こった小坪・衣笠合戦の記述

の三つに分けられる。

Aの部分は、石橋山の戦いを客観的に説明していて、『吾妻鏡』と比べると、口上合戦や山中

の撤退、土肥からの脱出、安房への到着などの記述において臨場感のある記述になっている。新たな情報も豊富で、全記述量の三十三%を占める。

Bの主な内容は、頼朝からの出陣要請に際し率先して参加しようとしている三浦方の姿勢や初戦の一騎打ちでは三浦の血を引く佐奈多与一が戦った場面の記述など、三浦方の貢献や戦況を思いやる記述である。これらの記述で三十七%を占める。

Cの部分は、石橋山を離れた、三浦方自身の戦いを記述したものである。衣笠城を失い安房に逃れることになるなど、三浦方の被害が甚大な合戦であり、三十%を占める。

このように『延慶本』は、三浦方を扱った出

『延慶本平家物語』石橋山の記述内容と紙幅

記述内容	分類	字数
石橋山に集結した武士たち	A	650
御家人への出陣要請(三浦義明の支援)	B	2050
石橋山での平家方との対峙	A	680
口上合戦	A	1180
初戦の一騎打ちと佐奈多与一の最期(与一は三浦義継の孫)	B	3070
山中の撤退	A	1950
三浦方に届いた石橋山の戦況	B	1550
小坪合戦	C	3600
衣笠合戦と三浦義明の最期	C	2510
土肥からの脱出－焼亡の舞	A	1120
甲斐に向かった土屋宗遠が偶然息子に出会う	A	1310
安房への到着(三浦武士からみた頼朝の到着)	B	1020

記述内容の紙幅のボリューム(構成比)
A――石橋山の記述　33%
B――三浦方に関係する石橋山の記述　37%
C――小坪・衣笠合戦の記述　30%

来事(B+C)が三分の二を占めていることから、三浦方の視線から石橋山の戦いがまとめられていることが明らかである。また、記述内容には会話記述などリアルな表現が多く、その戦に参加した三浦とのつながりの強い人物が戦記の記述に直接関与しているのではないかと思われる。

『延慶本』の石橋山の記述には誰が関わっていたのだろうか。『吾妻鏡』が頼朝と北条時政の意図の下に書かれた史書であるのに対し、『延慶本』では、三浦方とのつながりが強い土肥実平や岡崎義実《よしざね》の情報を反映した史書と捉えたい。

岡崎義実は三浦義継の末子(三浦義明の

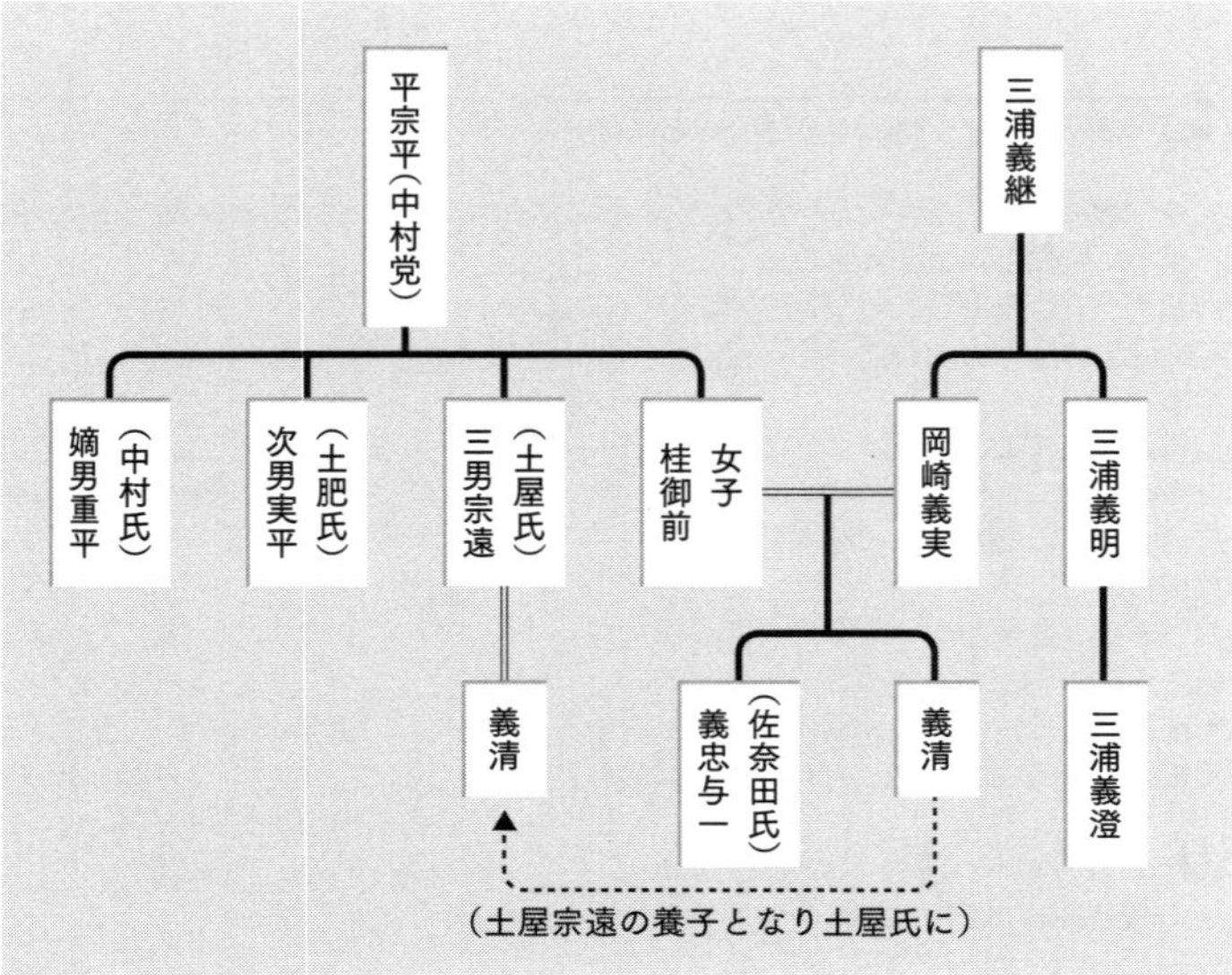

土肥実平と三浦の関係系図

弟)で、相模国大住郡岡崎(現在の平塚市岡崎、伊勢原市岡崎)を領していたため岡崎氏を称した。初戦の一騎打ちで命を落とした佐奈多与一は岡崎義実の嫡男である。また、義実は土肥実平の姉妹を妻にしているため、実平とは義兄弟となる。

石橋山の情報源が土肥実平や岡崎義実だとすれば、『吾妻鏡』同様に内容が歪められる要素がある。たとえば、『延慶本』には、頼朝が箱根山に赴いたという記述が欠けている。そこから岡崎や実平は、箱根山に向かう頼朝に同行していなかったことを想像させる。また、知り得た情報があったとしても頼朝の指示で口外を禁じられたり、事実を変更させられたことも考えられる。

一方で、実平が関わっていたとすれば『吾妻鏡』には書かれない新たな情報が期待できる。それは頼朝が実平に託した「計略」の中身である。『延慶本』には、「実平が計略をめぐらして隠し通しましょう(『吾妻鏡』)」と言った実平の行動内容が具体的にあるいは暗示的に反映していると思われるのである。

◉異なる逃走経路——箱根山には向かわず安房へ

『延慶本』における頼朝の逃走経路を『吾妻鏡』と比較しながら整理しておこう。

【山の峯の臥木】

頼朝が敵から逃れてたどり着いたところが、椙山(杉山)山中の「山の峯の臥木」である。この地点は、『吾妻鏡』では「倒木の上」(漢字体表記で編纂した『新訂吾妻鏡』では「臥木」と表記)とされ、まったく同じ地点である。

この「山の峯の臥木」で頼朝は「是より散々になるべし」と伝え、残った人員は頼朝以下七人(土肥実平・同子息弥太郎・甥の新開の荒次郎・土屋三郎・岡崎四郎・小舎人男七郎丸)となり、土肥一族に絞られている。

北条時政父子の行動を確認しておこう。『延慶本』では北条時政親子のうち、嫡子宗時は杉山の山中で打たれ、時政と子息義時は、この時点まで頼朝や実平と同行し、ここから分かれて山伝いに甲斐に赴いたとする。時政たちは、これから安房に到着するまでまったく登場しない。一方、『吾妻鏡』によれば北条父子は「倒木の上」(山の峯の臥木)にたどり着く前に疲労困憊し、山の峰に登っていないが、次の地点の「巌窟」で頼朝と合流する。

【土肥の鍛冶屋が入る山】

北条時政と別れた頼朝以下七人は、しばらく移動し、次に至るのは、「土肥の鍛冶屋が入《い》るという山」(以下「鍛冶屋が入る山」)である。

この場所は、箱根山地の城山東麓、新崎川下流右岸に位置し、現在の湯河原町鍛冶屋にあたる。「鍛冶屋が入る山」は、『吾妻鏡』では正観音像を安置した「巌窟」であり、『源平盛衰記』では「鵐《しとど》の窟《いわや》」と呼ばれている地点と想定される。

『延慶本』では、この地点で『吾妻鏡』には記述されていない事実を明らかにしている。それは、実平がその峰から土肥を眺めると、土肥郷の家々が伊東入道の兵によって焼かれているのを目撃するのだ。

兵衛佐(頼朝)は、土肥の鍛冶屋が入ると云ふ山に籠りておはしけるが、峯にて見遣りければ、伊東入道、土肥に押し寄せて、実平が家を追捕《ついぶ》し、焼き払ひけり。

そこで実平は、「土肥に三つの光あり」という舞を披露する。

その後実平のもとに妻から使いが来て、三浦の人々が安房国に落ち延びたので、そちらに向かってほしいという知らせが届く。『延慶本』では、「鍛冶屋が入る山」から箱根山に向かうことなく、ここから山を下ることになる。

『吾妻鏡』の日程に対応して考えると、二十四日の「鍛冶屋が入る山」から、真鶴小浦を出発する二十八日まで三日間（四夜）は『延慶本』にも同様の空白がある。

【真鶴小浦】

次に訪れるのが真鶴の小浦である。

真鶴からの船出の場面では、土肥実平と子息土肥弥太郎遠平親子の言い争いの挿話が入るが、無事船を出航させている。

真鶴小浦の出航時のメンバーは、「頼朝以下七人」としか記されていない。そこで「鍛冶屋が入る山」に残った頼朝以下七人が、そのまま真鶴小浦から出航したと解釈されている。一方、『吾妻鏡』には七騎落に該当する記述はなく、頼朝につき従っていたと想定されている武士は土肥実平だけである。

【安房龍が礒】

頼朝が最後にたどり着くのが安房の龍が礒である。これは『吾妻鏡』の猟島と同一地点と想定される。安房への到着場面では、三浦方の船が頼朝の船を見つけた時のやり取りを克明に記していて、三浦方の兵士たちが見たリアルな情景が『延慶本』に反映しているようである。

安房までの逃走路を『吾妻鏡』と『延慶本』で比較すると下記のようになる。

◉三浦方が想定していた安房での合流

石橋山の戦いでは様々な要因が重なって大敗し、残った者たちも散り散りに逃げ延びているが、最後には安房の猟島に集結している。この敗走下での統率された行動には、頼朝が石橋山の戦いに際し事前に武将たちと用意周到な打ち合わせが行われていたことがうかがえる。

このことは、頼朝が令旨を受け取った後、北条時政に平家追討の仕方を相談した時のやり取りから窺うことができる。『延慶本』によると時政は頼朝に次のように助言していた。

『延慶本』にもとづく頼朝の逃走路(『吾妻鏡』との比較)

『延慶本』通過地点	『吾妻鏡』通過地点(日程)	
こめかみ石橋	石橋山	8月23日夕刻
堀口(暁方)→杉山	杉山(堀口)	24日明け方
山の峯の臥木	倒木の上	24日
土肥の鍛冶屋が入るという山	巌窟	24日夜
(土肥郷の炎上－焼亡の舞)	箱根山	24日夜～25日
	土肥郷へ	25日
真鶴小浦	土肥真鶴崎	28日
安房龍が磯	安房国猟島	29日

「東八ヶ国の内に、誰か君の御家人ならぬ者は候ふ。……上総介八郎弘経、千葉助胤経、三浦介義明、この三人を語らはせ給へ。この三人だにも随ひ付きまゐらせ候ひなば、土肥、岡崎、懐嶋は、本より志思ひ奉る者共で候へば、参り候はんずらむ。」

頼朝が関東八カ国をまとめるためには、上総介八郎弘経(廣常)、千葉介胤経(常胤《つねたね》)、三浦介義明を取り込むことが肝要であるということを時政と決めていたのである。そこで、伊豆から出発した頼朝は、先ず三浦半島を拠点とする三浦方と合流し、次に房総半島に渡り、安房、上総、下総と進む進路は当初の大方針であったことが想像できる。

『延慶本』には、時政が頼朝に助言したプランが三浦方にも正式に伝わっていることをうかがわせる記述がみられる。

それは、衣笠城決戦で敗れた三浦の惣領三浦義明が、衣笠城を退去するときに発した次の言葉である。

兵衛佐殿(頼朝)は荒量に打たれ給うまじき人ぞ。佐殿の死生を聞き定めむ程は、甲斐なき命を生きて、始終を見はて奉るべし。いかにも安房・上総の方へぞ落ち給ひぬらむ。今夜ここを引きて、船に乗りて佐殿の行くへを尋ね奉るべし。（傍線は筆者）

頼朝は軽々に討ち取られる方ではないので、安房・上総の方へと落ちのびられることだろう。三浦義明は安房に渡る前からそのように考え、頼朝が安房に行くことを確信していた。頼朝には戦の前から、敗北時の逃走路についても周到に複数の選択肢を用意していたのであろう。そしてどのルートを選択するかは、戦況に応じて判断すればよかった。ただ最終の集結地点は安房猟島と決めていた。猟島での合流は、敗北したことによる逃避行動ではなく、もともと頼朝が想定していた計画行動であったのだ。

2——『延慶本』の不可解

ここでは『延慶本』に挿入された不可解な記述を取り上げ、解釈と推理を加えてみたい。

◉不可解な事①――土肥郷の炎上をなぜ実平は乱舞して喜ぶのか

実平が「鍛冶屋が入る山」から近くの峰に登って土肥の方を見ると、平家側に就いた伊東入道が土肥に押し掛けて土肥郷を焼き払っている光景が見えた。この時実平は、「焼亡の舞」を乱舞する。

土肥に三つの光あり。第一の光は、八幡大菩薩の君を守り奉り給う御光なり。次の光は、君御繁昌あて、一天四海を耀《かがや》かし給はむずる御光なり。次の小光は、実平が君の御恩に依りて放光せむずる光なり

この舞の意味については、多くの歴史家が多様な解釈をしている。これをもって実平の当意即妙な才覚と褒めたり、八幡大菩薩の加護や逆境が将来の成功を約束させるという古代・中世の論理を伝えているという見解もあるようだ(『延慶本全注釈』注解)。しかし単純にとらえれば、この舞は郷土の家々が焼き尽くされた実平の無念さと非力を演じたものであり、自分に代わり八幡大菩薩に頼朝の行く末を託したと解釈するのが妥当であろう。

『延慶本』は、頼朝が真鶴から脱出する光明のシナリオを前提にしているために、焼亡の舞の解釈を難しくしている。

『吾妻鏡』の日程に従えば、実平は二十四日の夜から二十五日の早朝までには、「鍛治屋が入る山」の近くの峯から土肥郷を見下ろし、土肥郷が村もろとも焼かれているのを確認したと思われる。焼亡の舞は、頼朝を匿うべき家々を消失し、実平が真鶴ルートの断念を頼朝に伝えるときの茫然自失の心情を表現したものであったと推察する。

◉不可解な事②——実平の妻からの使者

頼朝は、数日間に及び土肥周辺で潜んでいたことになっている。それは、敵の監視が厳しく真鶴から抜け出すことが難しかったためだと想像していた。しかし、実平の妻からの使者によって、安房への出航を即決する。

使者からの伝令と実平の反応は次のようであった。

さる程に、実平が妻なりける人の許より、使者を遣はして云ひけるは、「三浦の人々は、小坪坂の軍には勝ちて、畠山の人々多く誅《う》たれたりけるが、衣笠城の軍に打ち落とされて、君を尋ね奉りて、安房国の方へ趣きにけり。急ぎ彼の人々に落ち加はり給ふべし」と、中したりければ、実平此の由を聞きて、「さてはうれしき事ごさむなれ」とて、相ひ構へて今夜の中に海人船に召して、安房国へつかせ給ひて、重ねて弘経・胤経等をも召して、今一度御冥加の程をも御覧候へ」と申しければ、「尤も然るべし」とて、小浦と云う所へ出で給ひて、海人船一艘に乗りて、安房国へぞ趣き給ひける。（文中、弘経・胤経は上総廣常・千葉常胤を指す）

この伝令は、潜伏地である土肥からの脱出という重要な判断を迫るものであることがわかる。しかし、この文章には疑問点が多い。

まず一つ目は、三浦方が安房に着いて待っているから早く行くようにと催促されていることだ。三浦方が衣笠城の戦いで敗れ、安房に渡ったということは今後の行動を左右する大事な情報だが、待機していたかのような反応はおかしい。そもそも真鶴脱出の判断基準は、頼朝がそこにいる限り頼朝の生命の安全、つまり脱出の安全性が第一優先のはずなのだ。

二つ目は、この場でリーダーシップを発揮しているのは実平で、実平は連絡を受け取った後「さてはうれしき事ごさむなれ」と評価し、「今一度御冥加の程をも御覧候へ」とそこにいる一同を鼓舞している。一方、それを受けて「尤《もっと》も然《しか》るべし」（そうだね）とぽつんと一言述べている人物が頼朝であろう。本当に頼朝は実平と一緒にいたのかどうかがあやしい。

三つ目は使者を遣わした元々の人物は誰なのかという点だ。使者は、「急ぎ彼の人々に落ち加はり給ふべし」と真鶴からの出発を促しているが、実平の妻自身がそのような催促をするはずはなく、「急ぎ」という言葉からは命じているようにも受け取れるし、安房に行くことを促した人物は実平に指示を与えることができる人物のようでもある。すると、使者を遣わした人物は頼朝ではないかと疑ってみたくなるのである。

◉不可解な事③――「頼朝は甲斐へ」はウソのウソ――土屋宗遠父子の出会い本当の意味

土屋三郎宗遠《むねとお》（土肥実平の弟）が深夜の山中で息子小次郎と出会った出来事は、何を伝えようとしているのだろうか。

宗遠は頼朝から石橋山の状況を甲斐に伝えるよう指示を受け、甲斐に向かう。その宗遠が、足柄山中で京から相模に戻る息子（小次郎）と偶然、出会うのである。顔も見えない真夜中のことだったので、「ただいまこの山を越え給うはいかなる人ぞ」「かく宣うは又いかなる人ぞ」と声を掛け合いながら、声質で確認し合い親子の対面を果たしたというのだ。

この挿話は内容的にも現実離れしているが、創作であることが明白である。なぜなら、平家に仕えて京にいたという息子小次郎は、頼朝が石橋山の戦いで招集した五十一名の武士の一人として名を連ねているからだ。（この挿話部分における土屋小次郎は土屋小次郎「義治」と記されているが、石橋山に参加した武士や宗遠の養子となった人物であれば「義清」である。これは別人ではなく、書き間違い、ないしは意図的に類似名を使用したと解釈される）

では、あえて創作とわかるような挿話を『延慶本』は何のために残したのであろうか。

まず注目したいのは、この出来事がいつの時点の事なのかという点だ。宗遠のこの出来事は、『延慶本』では「土肥からの脱出」と「安房への到着」の間に書き込まれている。ところが、『吾妻鏡』によると、宗遠が頼朝の使いとして甲斐に向かった日付は頼朝が安房着いてから半月以上もあとの九月二十日のことであった。記述される内容は前後の文脈の中で意味が生まれる。『吾妻鏡』の日にちを前提にすれば、この挿話があえて土肥を出航してから安房に到着するまでの間に挿入された意図を解釈する必要があるのではないか。

二つ目の注目点は、そこでの会話の内容だ。

宗遠は小次郎が息子でありながら、実の親ではなく、ただ今まで平家に仕えていた身でもあったという。そこで『延慶本』では宗遠が小次郎に対して「有のままにも云はざりけり」と真実は伝えられない状況であったことを解説し、小次郎に「頼朝殿は甲斐に行ったと聞いているので、私も行こうとしているのだ、そなたも一緒に行こう」と誘っている。宗遠は頼朝の指示で甲斐に向かっているのだから、頼朝が甲斐にいるということは、明らかなウソである。

『延慶本』は架空の日程や場所を設定したうえで、主人公の宗遠が義理の息子に間違った情報を伝えている。このような二つのウソを重ねた挿話の中で「頼朝は甲斐に行った」という記述を残した意図は何なのか。私は『延慶本』の制作者が、これならば頼朝の真鶴出港説を正史として掲げる鎌倉政権の情報規制に抵触することなく真実の一端を史書に残せると考えたからだと思う。「土肥からの脱出」と「安房への到着」の間にこの説話が挿入された意図には、頼朝の船による脱出を暗に否定するねらいがあったのだろう。

遠まわしな暗示や示唆でメッセージを伝える表現を諷示《ふうじ》という。『延慶本』では、このほかにも土肥実平の親族を使って、重要なメッセージを諷示で伝えようとしている箇所がある。

◉不可解な事④——「七騎落」の真相

能の作品に「七騎落」があるように、従来の歴史では頼朝以下七人が真鶴から船に乗ったと理解されている。しかし『延慶本』を読む限り、誰がそこから船に乗ったのかを示す記述はない。

「鍛冶屋が入る山」の巌窟に残った七人には、それ以降の記述がないため真鶴から出航した七人（七騎落）も同じメンバーであろうというのは平家物語の作者の創作意図と読者の憶測ということになる。

改めて頼朝の元に残った六人を挙げ、実平との関係を示すと次のようになる。

土肥次郎実平――本人
土肥弥太郎（遠平）――実平の子息
新開の荒次郎――実平の甥
土屋三郎（宗遠）――実平の弟
岡崎四郎（義実）――実平の義兄弟
男七郎丸――実平の下郎・小舎人（雑役）

『延慶本全注釈』のなかで大羽吉介氏（駒澤大学）は、「七騎落の七名がすべて土肥の一族といいうることや、ここで七騎落の先蹤《せんしょう》（先例）を述べるのが実平であることなど、この説話における土肥氏の重要性に着目し、『土肥一族の物語』として同説話が発生した可能性」を指摘している。『延慶本』では、北条時政が七騎落のメンバーとして含まれていない。時政と子息義時は、「臥木」のところで頼朝が分散せよと指示があった時から甲斐に向かったままなのである。

小浦からの脱出が「土肥一族の物語」として作られたとすれば、頼朝が七騎落のメンバーに入っていること自体も疑われるのである。

◉不可解な事⑤――烏帽子を提供した男の正体

頼朝が小浦を出る時に二郎太夫という男が烏帽子《えぼし》(かぶり物)を頼朝に献上している。その場面は次のように記されている。

兵衛佐已下の人々、七人ながら皆大童《おおわらわ》(乱れ髪の状態)にて、烏帽子きたる人もなかりけり。其の浦に二郎太夫と云う者の有りけるに、「烏帽子やある。進《まゐ》らせよ」と宣ひければ、二郎太夫、さる古老の者なりければ、かひがひしく烏帽子十頭進らせたりければ、兵衛佐悦び給ひて、「此の勧賞には、国にても庄にても汝が乞ふに依るべし」とぞ宣いける。二郎太夫宿所に帰りて、妻子に向かいて申しけるは、「烏帽子一つをだにももたぬ落人にて逃げ迷う人の、荒量にも(いい加減な大言壮語で)預かりたりつる国庄かな」と申して咲《わら》ひけり(咲う＝それは面白いことだ意外だと顔を見合わすこと)。

十頭の烏帽子の提供に対して国でも荘園でも欲しいものを与えようという頼朝の言動をどう解釈したらいいのだろうか。乱れ髪の武士たちにとって身なりが整えられるという単純な話ではなさそうだ。

船出の場面に現れるこの男の正体について、『源平盛衰記[3]』では、「甲斐の住人大太郎《おおたろう》ト申す烏帽子商人」として、土肥実平の旧知であったという。また勧賞については後に、甲斐国伊沢に所領と家屋を与えられたという。烏帽子の献上だけで、このような勧賞を与えたという記述は不可解である。二郎太夫には、本人に伝えられていない何か別の役割があったと思われるのだ。

◉不可解な事⑥——乗船後に敵を待つ挿話

出航に際しては、さらに不思議なことがある。実平が「船を出せ」と言ったことに対して、子息土肥弥太郎遠平は出発を待たせているのだ。

実平、「此の御船、とく出せ」と云いければ、子息遠平、「しばらく相ひ待つ事候ふ」と云ひければ、実平、「何事を相ひ待つべきぞや。己がしうと(舅)の伊東の入道を待ち得て、君をも我をも打たせむとするな。岡崎殿、其の弥太郎めが頸打ち落としてたべ」と云いければ、岡崎、「さるにても主と父とのことを、舅の事に思ひ替えじな、弥太郎」とぞ云いける。

真鶴小浦からの出航は、敵に見つかる最も危ない状況下であるにもかかわらず、遠平が妻の父に当たる伊東入道(伊東祐親)を待ちたいと言ったのである。遠平にとっては舅であっても、石橋山では敵方だ。そこで、実平と子息遠平のあいだで親子喧嘩が始まる。そこに岡崎義実が仲裁に入り事は収まるが、何時かを要したはずであり、その結果は案じた通りである。

やがて船指し出だしたりければ、案の如くに、伊東入道卅余騎、ひた甲にて、片手矢はげて(完全武装の臨戦態勢で)追ひ来たる。追ひさまにも数百騎にて責め来る。「賢くぞ、とく御船を出だして」とぞ、人々云ひ合ひける。

親子喧嘩をしている間に伊東入道や平家方の勢力が頼朝の出港を知り、三十余騎で迫ってくるところを危機一髪のところで船出している。追手が来ることをあえて待っていたかのような記述なのである。

『吾妻鏡』では頼朝が真鶴から船に乗った直後の話として、土肥弥太郎遠平が頼朝の使者として頼朝の妻政子の元に遣わされたことが記されている。遠平は、頼朝から政子に頼朝の行き先を伝え妻の身を守るよう指令を受けていたのである。

遠平が真鶴からの船に乗り、出航を遅らせた挿話の意図は何だったのだろう。

◉不可解な事⑦——出航時の船と到着時の船の違い

頼朝の出航を疑うと、頼朝が乗った船にも腑に落ちないことがある。頼朝が真鶴から乗った船の記述は以下の通りであった。

実平此の由を聞きて、「さてはうれしき事ござむなれ」とて、「相ひ構へて今夜の中に海人《あま》船《ぶね》に召して、安房国へつかせ給ひて(中略)」、小浦と云う所へ出で給ひて、海人船一艘に乗りて今夜のうちに、安房国へと趣き給ひける。(傍線は筆者)

ところが、頼朝の船が安房に到着した時の記述は以下のようになる。

雲井に消えて、船こそ一艘みえたりけれ。此の人々申しけるは、「あれに見ゆる船こそあやしけれ。これほどの大風に、海人船・釣船・あきなひ船なむどにてあらじ。あはれ、兵衛佐殿（頼朝）の御船にてや有るらむ。又敵の船にてや有るらむ」

出発時には海人船（漁師が乗る船）だが、到着時には、海人船など、海で見慣れた船ではないと言っている。しかも、到着時の船は大風にも耐える大きな船のようだ。出航時と到着時で頼朝の乗った船種が異なるのだ。

もしも頼朝が真鶴から海人船に乗っていたとすれば、途中で船を乗り換えたことになる。あるいは、頼朝は真鶴からの船には乗らず、別のところで船を調達し、安房に到着した可能性を示している。

第四章——「愛川頼朝伝説」から『吾妻鏡』『延慶本平家物語』を読み解く

石橋山合戦の歴史の真否を決める基準とは何か。私は「愛川・頼朝来訪仮説」によって新たに組み立てられる石橋山の逃走経路「愛川八菅山ルート」が、従来の史書の記述に論理性や納得性において勝るかどうかであると考える。そこで、ここからは、『吾妻鏡』『延慶本』から集められた「不可解な事」を再構成し、新たな石橋山の歴史を組み立てる段階に入ろう。

1——愛川八菅山ルートはなぜ封印されたのか

「不可解な事」を整理してみると、その根底には、真実を伏せようとして生じた不可解さが見えてくる。頼朝と北条時政にとって「愛川八菅山ルート」は、これから東国の武士を束ねるために、歴史に残してはいけない逃走路だったのだ。

このルートが歴史から封印された理由には、次の四つがあげられる。

その1――北条一家の敗走を伏せようとした

以仁王から平氏打倒の令旨を受けた石橋山の戦いでは、頼朝は当初、伊豆の北条や土肥を中核として、三浦や房総の上総や千葉といった半島の勢力に結集を呼び掛けていた。結果は、伊豆と相模の一部という勢力ではあったが、東国武士による旗揚げと言える程度の体裁は整っていた。

ところが、戦に敗れ「愛川八菅山ルート」から脱出したメンバーは、北条一家(頼朝・時政・義時)だけとなってしまい、北条一族の挙兵(頼朝は時政の婿)だったと言われかねない終局になっていた。そこで北条時政の話題は減らし、土肥実平一族の活躍を前面に出す必要があった。これは、石橋山からの逃走中、頼朝と時政がルート上のほとんどを別行動とする記録(『吾妻鏡』不可解な事①)や、土肥実平を逃走の主役に引き立たせる記述(『吾妻鏡』⑧、『延慶本』④)に現れている。

その2――箱根権現の支援を伏せようとした

『吾妻鏡』では、箱根山の別当行実や弟永実の行動が評価されている。ところが、その評価は永実が巌窟に届けた食事や箱根山の宿坊への避難保護などであり、箱根山を出た後の支援は全く語られていない。「愛川八菅山ルート」を想定すれば箱根山の行実・永実は、箱根山滞在の後、愛川八菅山への逃走を助け、頼朝の危機を救ったはずだが、具体的に記述されているのは、行実が保有していた源為義と源義朝から賜った下文の存在だけなのだ(『吾妻鏡』③)。

『吾妻鏡』は、東国武士の結びつきを強調するための書であり、箱根山の顕彰は認めても、具体的な役割の遂行や成果に言及することは編纂の意向に沿わなかったのであろう(『吾妻鏡』②)。

その3——源氏の棟梁として寺社・神仏に頼る行動を見せたくなかった

頼朝が終生、神仏を敬っていたことは間違いないであろう。だが頼朝は石橋山の戦いのさなかに、仏徒が持つ念珠を下げていたり髻《もとどり》の中に小さな正観音像を入れていたことを恥じた。このことから頼朝が、自らを源氏の棟梁としてのあるべき姿、つまり武士の力にもとづく振舞いに変えようと努めていたことがわかる(『吾妻鏡』④)。しかし逃走経路を振り返れば、箱根権現、八菅山といった神仏や山伏に守られた逃走路となった。

これに比べると、土肥実平率いる伊豆の武将たちが敵方のいる中をかいくぐって生き延びたとされる真鶴からの脱出は、武将の威厳が保たれる逃走のあり方として遥かに優れていると考えた(『延慶本』④)。

その4――甲斐源氏との接触を疑われたくなかった

「愛川八菅山ルート」は、箱根山から甲斐の南端（道志村）を経由するルートが想定される。このルートを通ることにより頼朝一行は波志太山の戦いで甲斐から南下する甲斐源氏と接触したことが疑われる（『吾妻鏡』⑤）。その結果、三浦や上総廣常、千葉常胤らを集めて東国の勢力を拡大するシナリオが崩れることが危惧されたであろう。

これら「愛川八菅山ルート」の不都合な真実は、それを知る数名の武将にかん口令を敷き、逃走のルートを「真鶴脱出ルート」に切り替えるだけで、簡単に消去できる。そして、逃走の着地点が安房であれば、土肥での潜伏期間を若干長くすることで、逃走ルートの真実は隠すことができると判断したのであろう。

『吾妻鏡』という史書に焦点を当てれば、「不可解な事」として提起した全九項目のうち、五項目（①②③⑤⑧）に「愛川八菅山ルート」を隠す意図が読み取れる。

2――箱根権現の「下文」が頼朝を救った

『吾妻鏡』における箱根権現別当行実の評価は大変高いものであった。またそれに対応する頼朝からのその後の恩賞も膨大なものであった。では行実は頼朝に何をしたのか。それは行実による「愛川八菅山ルート」の推奨とそこでの逃走支援を想定しなければ説明がつかないことなのである。

◉土肥実平の所領が箱根権現に寄進された事実

『吾妻鏡』が伝える箱根権現別当行実の功績は、先述したように戦のさなか頼朝のいる巌窟へ食事を届けさせたことや頼朝を箱根権現に避難させて匿ったことなどであり、これ以外の功績は伝えられていない。『延慶本』に至っては、箱根権現に至った記録さえも残されていない。しかし、その後の頼朝からの箱根権現への恩賞の数々を知れば、行実は『吾妻鏡』の記録に残されていないところでも頼朝の逃走を支援していたことが想定される(『吾妻鏡』②)。

そのときの逃走支援の恩賞の一つが、石橋山の戦いからわずか二か月後に行われた相模国早河庄の箱根権現への寄進である(『吾妻鏡』③)。

『吾妻鏡』十月十六日の条には別当行実に送った次の下文が残されている。

箱根権現に御神領を寄進する事。

相模国早河本庄

早く箱根別当が管轄して支配すべき事。

右の早川本庄は、前兵衛佐《さきのひょうえのすけ》源頼朝の計らいで、寄進するものである。他人の妨げがあってはならない。後日の証拠のために文書に書き表し、このとおり申す。

治承四年十月十六日

寄進する領地は早河本庄とあり、箱根山も近いので寄進も妥当であろうと思う。しかし、ここには深い意味があった。

箱根神社がまとめた『箱根神社――信仰の歴史と文化』では、この恩賞を次のように捉える。「寄進状に全くもって妨げ――支障があってはならぬ、と注書までついている鄭重なものであるが、この早河庄が麾下《きか》の功将土肥実平の領地であったのを割いての寄進であったが故に慎重を期したのであろう。それ程までに権現への寄進が大切にされたことを物語る資料である。」『吾妻鏡』では早河庄が実平の領地であることに触れていない。『吾妻鏡』の編纂者はそこが実平の領地を割いての寄進であることの意味について言及することを避けているようである。

早河庄の位置や規模を見ておこう。早河庄はその名の通り、箱根芦ノ湖から小田原市にかけて流れる「早川」の流域を中心に成立した荘園である。

箱根神社は先の書で、早河庄の荘域を、『荘園志料』(清水正健著　一九三三年　帝都出版社)にもとづいて、以下の領域とする。

小田原城、小田原宿、谷津、板橋、風祭、水野毛、入生田、後河原、湯本、湯本茶屋、須雲川、畑宿、箱根宿、元箱根、芦野湯、底倉、太平台、塔ノ沢、早川、石橋、米神、根府川、江ノ浦、岩、真鶴、福浦、土肥吉浜、土肥鍛冶屋、土肥門川、土肥堀内、土肥宮上、土肥宮下、山王原、綱一色、今井、中島、町田、荻窪、池田新田、堤新田、池上、井細田、久野、多古、穴部新田、府川、北の窪、以上四十七ヶ村

早河庄の領域は、箱根山、小田原、真鶴を結ぶ領域すべてが含まれていて、今日「早河」から

想像するエリアを大きく越える拡がりがある。そのうち箱根神社に寄進した領地は、その半分にあたる田地百四十町六段(約四十二万坪)であることが知られている。

実平が史書の記述の通りに土肥郷で三、四日間にわたり頼朝を敵から守り通し、真名鶴から逃れさせることができたとすれば、実平こそ石橋山脱出の最大の功労者でなくてはならない。ところが頼朝は、実平のもつ所領を箱根権現に寄進させるのである。

領主にとって土地はかけがえのないものであり、実平には、石橋山の戦いで処罰の対象となるような手違いや頼朝を失望させる出来事があったとしか考えられない。

領地の権利移転からうかがえる真実は、頼朝を最後に支えたのは箱根権現別当行実であったということだ。実平は頼朝を「別の計略」で守ろうとはしたものの、頼朝の当初の計画通りに真鶴から船で出航させることは出来なかった。頼朝のこのような評価を端的に示しているのがこの箱根神社への書状であり、実平の領地を箱根権現に移管した事実なのだ。この事実は真鶴からの脱出プランが実現されず、「愛川八菅山ルート」が採用された事を示す有力な証拠といえる。

頼朝がこの書状をしたためた当日(十月十六日)は、平氏の大将軍小松少将惟盛朝臣《これもりあそん》が、数万騎の軍勢を率いて駿河に到着する日であり、頼朝はそれを迎え撃つために出陣する日であった。

頼朝は、自らの身に何が起きても心置き無いように、出発の当日にこの箱根権現への寄進を行っている。次の戦が始まる前に石橋山における信賞必罰をしっかりと処理しておきたかったのだ。文中に、「他人の妨げがあってはならない。後日の証拠のために文書を書き表し……」とあるのは別の計略で頼朝を逃すことができたと考える実平に、処分への抵抗があることを見越しての書状であったのであろう。

頼朝にとって、真鶴から脱出できなかったことが如何《いか》に残念なことであったか、気持ちが伝わってくる。

◉行実が用意した「下文」は八菅山で使われた

箱根権現が石橋山の戦いで頼朝に貢献できた最も大きな要因は、別当行実が源家から賜った「下文」を頼朝に利用させたことであったと想定した(『吾妻鏡』③)。ではその下文は、どこでどのように活用されたのであろうか。

頼朝が「愛川八菅山ルート」を決断するうえで、最大の課題は八菅山で船を入手することであったはずだ。頼朝と行実との間でこのルートが戦の前から想定されていたとしても、船を事前に用意しておくことまではできない。

しかも、ここから船で安房を目指さなければ、その後の頼朝に活路は開けない。船の調達は成り行き任せであり、山伏とも落武者ともわからないものが突然現れ、頼朝と名乗ったとしても、八菅山の別当が信用するはずもない。頼朝が本人として信用してもらえるか否かは、頼朝に持たせた下文の威力だけが頼りであった。

行実は、源為義の下文を八菅山別当に用意したと思う。

頼朝の祖父である為義には熊野別当家の娘立田御前(立田の局)に産ませた鳥居禅尼(立田腹の女房)がいた。鳥居禅尼は湛快(十八代熊野別当)を入婿して湛増(二十一代別当となる)を生み、湛快の死後、行範《ぎょうはん》を再入婿して十九代別当とし、行快(二十二代別当となる)を生むなど、熊野別当最盛期の陰の女性であった。[1] 頼朝はその鳥居禅尼の甥《おい》として当時の熊野別当とつながりがあった。

頼朝挙兵の当時、新宮の別当家一族と那智の山伏は源氏に味方するのだが、これは鳥居禅尼の弟にあたる為義の十男、新宮(陸《む》奥《つ》)十郎義盛が新宮に居たことによる。この義盛はのち(源)行家と改名し、以仁王の令旨を頼朝に持っていった人物である。

箱根山別当行実が熊野と八菅山との繋がりや熊野と源為義との関係を知っていれば、為義の下文は八菅山に船の調達を命ずる強い手段になると見込むだろう。『吾妻鏡』が石橋山合戦の逃走のさ中に為義の下文について言及したことには、それなりの理由があったのだ。

行実のプランがすべて想定通りだったわけではない。

当時の八菅山周辺は、石橋山の戦いで平家方に付いた毛利景行や海老名季貞《すえさだ》の支配下にあった。

行実が頼朝に、八菅山に向かうことを勧めた時、その場所が石橋山で追い詰められた荻野五郎の所領に接した危険な地であることを、二人は理解し納得していたのであろうか。頼朝は、八菅山が近くなって初めて、この不幸な偶然に気付いたのかもしれない。

この偶然に驚くのは頼朝だけではあるまい。石橋山で頼朝をぎりぎりまで追い詰め、探し切れなかった荻野五郎にしても、このとき頼朝が荻野の所領に隣接した八菅山に潜伏していたことを知れば、運命のいたずらに地団駄《じだんだ》を踏んだことだろう。

◉もう一つの「下文」は江島神社へ

箱根山別当行実が、頼朝に八菅山への下文を用意したとすれば、同じく逃走経路上にあって修験者の霊地である江島神社にも立ち寄り、下文を用意したことが想像できる。

それは、行実が頼朝の父源義朝から賜っていた、もう一通の下文であったはずだ。義朝は鎌倉の亀ヶ谷に居館を構え、江ノ島周辺の大庭御厨《おおばみくりや》(現在の茅ケ崎市、藤沢市)の大豪族を傘下に治めていた。そこで行実は義朝の下文を頼朝に用意し、頼朝はそれを携えて江島神社に向かったと思われるからだ。

頼朝や北条時政の江島神社との関わりは、江ノ島弁財天の勧請(一一八二年)など数々あるが(本章5——江島神社の由緒と頼朝)、そのきっかけが不明であった。石橋山の戦いの折に、逃走経路上の一拠点として江ノ島が利用されていたとすれば、その後の頼朝・時政が、なぜ江島神社と関わりを持ったのかという縁起が説明できるのである。

箱根権現の行実が用意した二つの下文は、頼朝の逃走を助ける最大の手段となった。だがその下文の効力の根源がどこにあるのかといえば、それを箱根権現の力だけで説明することはできない。この下文の命令者は源為義(祖父)であり源義朝(父)であった。よって、石橋山の戦いは、箱根権現に救われた戦いであると同時に、源氏の血脈によって嫡男頼朝が救われた戦いであったと解釈することも忘れてはならないだろう。

◉八菅山への道を案内した僧は誰か

箱根権現の貢献には、下文のほかに箱根山からの逃走経路を案内した僧の力も大きいと思う。そこで次に、頼朝が箱根山から八菅山に向かった時の道の案内人は誰であったのかを考えてみよう。

ここで注目されるのは、北条時政が甲斐に向かおうとして急遽戻ったとき、山の案内人南光房が「箱根山に帰った」という記述である。一人の僧が箱根山に戻った記録を残したことには、それなりの意味があったと考える(『吾妻鏡』⑥)。

私は、南光房が箱根山に帰った記述の意図には二つの意味があり、一つは北条時政が南光房と一緒に箱根山に戻ってきたことを伝えるもの、そしてもう一つは、南光房の役割が終わり、代わって別の僧が頼朝と時政のお供をすることを伝えるものであったと解釈する。

箱根山別当の行実は、二十四日の夜、弟の僧永実を頼朝の潜む巌窟に差し向けたが、その理由は武芸の器量があり、最も信頼されていたためだ。そこで頼朝と時政が甲斐方面へ逃走することを決めると、別当行実は甲斐への案内人を南光房に代えて永実に案内させることにしたと推察する。

永実は、頼朝を山伏の道を抜け八菅山へと先導することで、大庭景親らによる頼朝追撃の危機を救ったのである。

『箱根神社――信仰の歴史と文化』によれば、永実は後に第二十世の箱根山別当となり、名も頼実と改名している。永実から頼実への改名は、頼朝から「頼」の一字を賜ったものであろう。

3――甲斐源氏との接触の可能性

◉甲斐源氏と北条時政の接点

波志太山の戦いを地理的に見ると、甲斐源氏の侵攻ルートは甲斐から富士山の東麓を南に下って来ることになる。一方、愛川頼朝伝説から想定される「愛川八菅山ルート」は箱根山から富士の東麓を通って甲斐方面に向かい、途中山中湖あたりで道志方面に向かうルートになる。すると、二つのルートは、富士の東麓で重なっている。

北条時政は石橋山での戦いに際し、当初は甲斐源氏の援軍を求めていたと思われる。だが敗走が始まると、時政は頼朝の逃走経路を確保するために甲斐源氏と接触を図ろうとしたと思われるのだ（『吾妻鏡』①）。

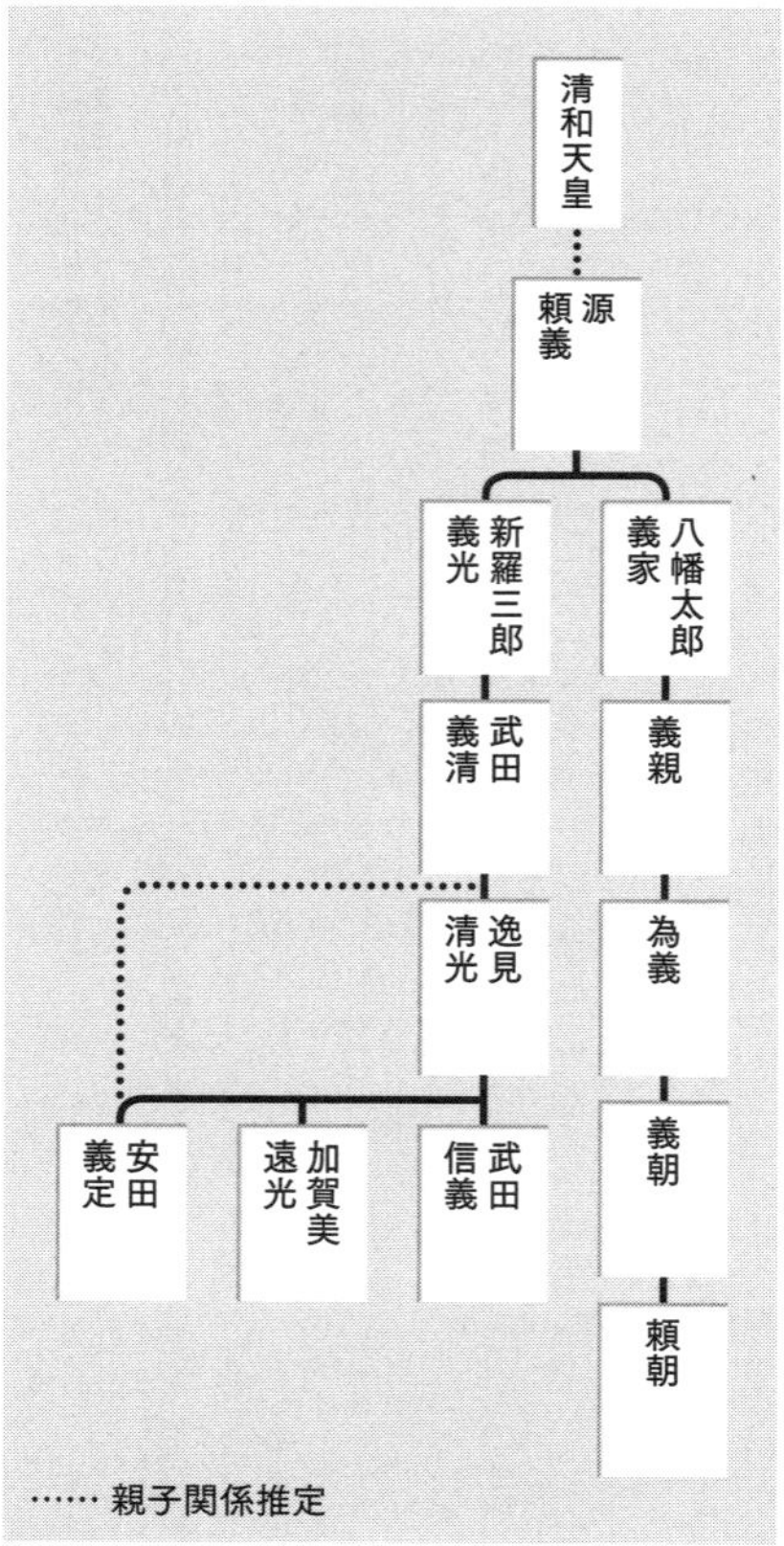

甲斐源氏略系図

甲斐源氏について若干の説明をしておきたい。

甲斐源氏の始祖は新羅三郎（源）義光とされているが、実際にその地に入ったのはその子源義清であったという。そこから甲斐源氏はだいたい三勢力に大別でき、それぞれの中心人物をあげると、一人は源義清・清光父子の後継者であった武田信義《のぶよし》、もう一人は義清の四男安田義定、そして加賀美遠実《かがみとおみつ》であった〈2〉。

このなかで安田義定の勢力は伊豆との関係が強く、義定と行動をともにした工藤景光の先祖は、伊豆国狩野荘を本拠とする一族であり、景光から五代以前に甲斐国に居住した。同一族の工藤茂光父子は伊豆における頼朝の挙兵に参加したが、茂光は石橋山の戦の最中に歩くことができなくなり自害している。また安田義定は加藤景廉の娘遠江尼を妻とした可能性があるという(『甲斐源氏　武士団のネットワークと由緒〈3〉』)。

このように波志太山の戦いに参加した甲斐源氏の武士たちは伊豆との関係が深い武士たちで構成されていた。

波志太山の戦いで俣野景久を破った甲斐源氏は、石橋山で合戦が行われることを聞き頼朝の支援に来た武士達であった。ところが、『吾妻鏡』の八月二十五日の条を見る限り、戦に勝った甲斐源氏に頼朝や時政と接触した記録は見当たらない。これは史書が頼朝の真鶴脱出説を取り、頼朝は箱根山から土肥に向かったのだから当然の流れであろう。

しかし頼朝が石橋山からの逃走ルートとして「愛川八菅山ルート」を選んでいたらどうだろう。時政は、加藤兄弟を箱根山周辺で待機させ、支援に来る甲斐源氏を探し、時政に知らせるよう命じていたはずだ。そこに俣野景久に勝利した甲斐源氏が到着し、時政は甲斐源氏と交渉する機会を得たのではないか(『吾妻鏡』⑤)。すると頼朝には、甲斐路を通って愛川八菅山に行くための逃走ルートが確保できるのだ。

◉甲斐源氏との交渉内容を推察する——キーマンは加藤兄弟

私は、時政と加藤光員《みつかず》・景廉《かげかど》兄弟そして甲斐源氏の三者との間には、次のような出来事があったと推察する。

光員・景廉兄弟は、二十四日以降、箱根山周辺に留まり甲斐源氏との接触を試み、一方で北条時政からの指示を待っていた。すると二十五日、波志太山で勝利した甲斐源氏の安田義定や工藤景光らが頼朝の勢力と接触するため箱根山に至り、加藤兄弟と出会うのである。そして時を同じくして、南光坊に案内された北条時政が「愛川八菅山ルート」での脱出を確認するため、箱根山から加藤兄弟の隠れ場所に到着する。甲斐源氏と時政の接触は、このようにして加藤兄弟の仲介で成立する。これらは出来すぎた偶然のように思われるが、加藤兄弟の動きから、事前に戦のシナリオとして時政が想定していたことだったと思われる。

そこでは何が話し合われたのであろうか。

この段階における頼朝と甲斐源氏との関係は、両者とも以仁王による平家追討の令旨を受け取っており、東国での覇権をめぐってその旗揚げを競う関係でもあった。頼朝にとっては、先ず三浦、上総廣常、千葉常胤勢との合流を果たし、相模や武蔵の武士団の結束を図ることが優先された。その前に安易に甲斐源氏に加われば、東国を地盤とした源氏一族の棟梁《とうりょう》としての頼朝の立場は失われるであろう。ここで甲斐源氏の支援を受けることや受けたように思われることは得策ではないのだ。

そこで時政は、甲斐源氏の中でも特に伊豆に近しい工藤景光らに対して最小限の要請をした。それは、箱根山を下るための数名分の馬を用意してもらうという要請であったと思われる。時政らの馬は石橋山で敵の矢に当たって斃れたため、「愛川八菅山ルート」を走破するためには馬の調達は必至だった。

加えて時政は、光員・景廉兄弟を甲斐源氏の隊に参加させることを忘れなかった。加藤兄弟を甲斐源氏に参加させることで、ここでの甲斐源氏の支援を両者対等な相互支援に位置づけることができるからである。

頼朝は後に、工藤景光と加藤光員・景廉兄弟に恩賞を与えている。

工藤景光への恩賞は波志太山の戦いで忠節を尽くしたことだという。波志太山の戦いで甲斐源氏は頼朝との接点はなかったことになっているが、頼朝には甲斐源氏の工藤景光を顕彰する接点があったのだ。

一方、加藤兄弟への恩賞は、駿河目代遠茂を討ち取ったことへの褒賞とされているが、現実的には甲斐源氏の指導下で行動していた加藤兄弟に対して頼朝が恩賞を渡すことは道理に合わない。加藤兄弟への恩賞の本当の趣意は、頼朝の逃走を補佐したことに対するものだと思う。ここにも石橋山の戦いの折に甲斐源氏との接触を匂わせたくないという頼朝や時政の深謀遠慮がうかがえる。

数頭の馬を確保した時政は、頼朝の元に戻る。そして頼朝を伴って敵のいない甲斐路を抜けて一路八菅山へ向かったと想定されるのである。

4――影武者を使った虚実一体の戦い

「愛川八菅山ルート」を証明するためには、頼朝が真鶴から脱出したとする今日までの史実を否定しなければならない。そこで「愛川・頼朝来訪仮説」にもとづいて史書を見直すと、実平の隣に居るはずの頼朝には、実在が疑られる虚構性の強い挿話が続くのである。

◉箱根山以降の頼朝の虚構性

頼朝が石橋山からの逃走経路を最終的に決断した地点は箱根山であったと思われる。『吾妻鏡』によれば、箱根山に至った頼朝はここにも平家側の追手が迫っていることを知り、箱根山から土肥郷に向かったことを仄《ほの》めかす記述がみられる。だがそこには、頼朝が土肥郷に向かったように見せかける『吾妻鏡』特有のトリック(『吾妻鏡』⑥)があり、物理的に見ても箱根山に登った後、再び土肥に引き返すのは不自然なのだ(『吾妻鏡』⑦)。箱根山(箱根権現)は、行実の用意した下文の活用でも明らかなように、食糧・物資・情報収集を行う中継基地であり、そこから山々を越え甲斐方面に逃れるための通過点であったと解釈すべきであろう。

それならば、土肥実平と行動を共にして真鶴から脱出したとされる頼朝の真鶴脱出説は、どう解釈したらいいのだろう。

『延慶本』には、頼朝が箱根山に行った記述はない。そこで、「鍛冶屋が入る山(巌窟)」以降の足取りを見ると、頼朝と共にいる土肥実平一家の挿話が続くのだが、解釈が難しく、明らかに分かりやすい記述を避けている。

そこでこの挿話を「愛川・頼朝来訪仮説」にもとづいて見直すと、難解な記述は遠回しな暗示や示唆を与える諷示《ふうじ》として解釈でき、伝えたい共通のメッセージがあるようなのだ。

土肥実平一家、三人の挿話を順に紹介しよう。

一人目は実平の妻からの使者である。この使者は潜伏中の実平に対して、三浦の人たちは君(頼朝)を尋ねて安房に逃れたので、急いで三浦の人々に落ち加わるようにと伝えてきた。実平の許には頼朝がいるのだが、「尤《もっと》も然《しか》るべし」という言葉を発する程度で頼朝の存在感が薄い。実平への使者は誰が使わしたのかは書かれていないが、私はこの使者の送り主こそ実平との合流を促す頼朝であったと解釈する(『延慶本』②)。頼朝は箱根山から八菅山経由で安房を目指したが、八菅山での船の調達に失敗すれば土肥郷まで戻る可能性もあったであろう。そこで頼朝は、船調達の目途がついた時点で、その地から実平に合流地点の確認や集合日について指示を出したと思われるのだ。

二人目は実平の弟、土屋宗遠《むねとお》である。この挿話は『延慶本』不可解な事③で既述した通り頼朝の甲斐行を暗示している。宗遠は、頼朝の指示で甲斐に向かうが、足柄山中で深夜、ばったりと義理の息子に会い、「頼朝殿は甲斐に行ったと聞いているので、私も向かっているのだ」と告げている。この話の虚構性は明らかである。そこでこの挿話は、真鶴の出航と安房への到着の間に挿入されたことで、「真鶴からの出航」が虚偽であることを示しているのではないか。つまり真鶴の出航場面に頼朝はいなかったと解釈できるのである。

三人目は、実平の子息土肥弥太郎遠平《とおひら》である。遠平は、頼朝の乗る船が真鶴を出航する場面で、舅(伊東入道)が来るまで「しばらく待ちましょう」言い、父実平と口論となる。そこに岡崎義実(実平の義理の弟)が割って入り、遠平をたしなめる。そして案の如くに敵方が攻めて来るが、危機一髪のところで船を出すのだ(『延慶本』⑥)。この挿話からは、この船に頼朝が乗っているとは思えない。

このように、実平の家族が登場する説話は、実平の許に頼朝が居ることを伝えながら、別の所にもう一人の頼朝がいることを示唆している。ここから、真鶴脱出時の頼朝には影武者が使われたと考えざるを得ないのだ。

『延慶本』の実平一家の説話から影武者説を想定すると、『吾妻鏡』で理解に苦しんだ「不可解な事」の一つが明らかになる。それは、土肥実平の「別の計略」の意味についてである。

私は、『延慶本』から導かれた真鶴出航時の頼朝＝影武者説こそ、実平が指す「別の計略」の具体的な行動であったと考える。つまり実平は頼朝を装った影武者を使って、頼朝一行が真鶴から脱出したことを平家側に見せ、頼朝への執拗な追捕を断とうとしたのだ。

『吾妻鏡』には「別の計略」発言について、一点の曲筆があると思う。『吾妻鏡』はこの発言を、「倒木の上」の出来事として扱うために、「別の計略」の実行者が見当らなかった(『吾妻鏡』⑧)。そこで「別の計略」の話は当日の夜の巌窟で、頼朝が時政と共に箱根山に向かうとき、残された実平が発した言葉であったと捉えるのが妥当であろう。この発言を巌窟での出来事としてしまうと、頼朝は北条時政と共に甲斐方面に逃れ土肥実平が土肥に留まったことが明らかになり、歴史は「愛川八菅山ルート」に乗ってしまう。そこで実平の発言を一地点前の兵の解散時(倒木の上)の話として扱い、頼朝に付き添う実平像を創作したのだ。

◉頼朝の影武者説

『延慶本』では、真鶴小浦を出る時に二郎太夫という男が烏帽子を頼朝に献上し、頼朝は喜んで、「この者に国でも庄(荘園)でも本人が希望するものを与えよ」と言った。この男が頼朝の影武者だったと想定できるのではないか(『延慶本』⑤)。

この男の正体について『源平盛衰記』では、「甲斐国の住人大太郎《おおたろう》ト申す烏帽子商人」として、土肥実平の旧知であったという。また勧賞については後に、甲斐国伊沢に所領と家屋を与えられたという。烏帽子の献上だけでこのような褒賞はおおげさだが、影武者役であったとすれば納得できる。

実平ができることは、敵に頼朝が海上から安房に逃げたところを見せることであった。それによって頼朝を探し回る追っ手をあきらめさせることができる。そしてもう一つは、頼朝が石橋山で生き延びた兵と共に最後まで戦地で戦い抜いたことを知らせることであった。私は、そこで計画された後者のねらいこそ、実平が仕掛けた影武者活用の本義であったと考える。

影武者を登場させるために一番効果的な場面はどこか。

それは、敵が本人であると見間違うほどの距離に影武者を立たせることである。そこで実平は、真鶴を出航した直後の海上で頼朝を登場させることが最適だと考えた。

『延慶本』では、土肥実平と土肥弥太郎遠平の親子ケンカが起こり、船出がもたついていると、予期されたとおりに敵兵が攻めて来る(『延慶本』⑥)。土肥実平の「計略」は、頼朝らしき人物を真鶴から出航させるとき、敵が現れるまで出航を待たせ、頼朝が海から脱出したことを知らせることだった。

もちろんその船に本物の頼朝は乗っていない。それどころか、実平も影武者と同じ船には乗っていなかったと思う。なぜなら、この影武者は、本物の頼朝に追っ手が来ないように早目に登場させることが求められるのに対し、実平は箱根山を出発した頼朝が脱出に失敗し、再び戻ってくることを想定しギリギリまで土肥山中に身を潜め指示を待つ役割があったからだ。

影武者の乗った船には土肥一族や家臣数名が乗ったはず(『延慶本』④)だが、影武者が乗った船であるため、同船者が誰であったかはそれほど重要な話題ではなさそうだ。

影武者の起用には頼朝や実平も知っていたと思われる前例がある。平安時代中期の平将門には六人の影武者がいて、将門を討とうとした藤原秀郷《ふじわらのひでさと》が困惑したという「七人将門」の話が伝わる。戦乱の時代には、権力者や武将などが敵を欺くため、本人の身代わりをさせることが有効な手段であった。東国武士にとっては戦における計略や戦法の一つとして伝わっていただろう。

影武者の説話は、後に影武者の存在が世間に知られることで歴史に残る。しかし、頼朝の影武者説は、八百年後の今日まで知られることはなかった。なぜかといえば、石橋山での影武者は真鶴からの出航場面を見事に演じ切ることができ、その後、頼朝と北条時政は、影武者が演じた真鶴ルートを正式なルートとして配下の武将に徹底したからである。

影武者説は、『延慶本』の不可解な事⑦で取り上げた乗った船と到着した船の違いを出航時の経緯として説明している。

『延慶本』という史書に焦点を当てれば、同書の「不可解な事」七項目のうち四項目(④〜⑦)が頼朝の影武者説を暗示する部分であった。

◉虚実一体の戦いは成功した

石橋山の戦いでは虚実一体の戦いが仕組まれた。それぞれの立役者は、「実」を取り仕切ったのが北条時政、「虚」を演出したのが土肥実平となる。それぞれの役割をもう一度整理しておこう。

まず「実」の動きである。

この合戦で頼朝は完膚なきまでに敗れた。頼朝は自らが生き延びてこそ平家打倒に向けた再起が図れると決め、ここは時政のプランを頼りに命をつなぐしかないと判断した。

それを決定づけたのは土肥郷の炎上で真鶴から海で逃れるルートが塞がれたことである。土肥実平は、土肥真鶴から頼朝を脱出させる計画を断念せざるを得なかった。それが実平の舞った焼亡の舞の意味するものである(『延慶本』①)。一方で甲斐方面への脱出は、箱根権現の支援に加えて甲斐源氏が甲斐路のルートを拓いてくれたことにより脱出できる見込みができた。

だが、石橋山で戦った武士たちを解散させたあと、寺社の支援や甲斐源氏の支援を受け、北条一家で逃れたとなれば、今まで戦ってきた武士だけでなく、これから集める東国の武士達からも大将としての信任を失ってしまう。しかも頼朝自身も、源氏の棟梁たるものが、神仏の加護で生き延びることを恥だと考えていた。

そこで、北条時政が主導した甲斐方面から愛川八菅山への逃走の事実は、その後、当事者以外への口外が禁じられた。

一方で頼朝は、退却しながらも、安房からの復活再生プランを考え、それを土肥実平に任せている。これが「虚」の演出だ。

頼朝は実平にどのような指示を出したのか。

実平は、巌窟で頼朝と別れたあと、最後の役割として頼朝が少ない武将たちを引き連れて真鶴から撤退したように演出した。頼朝は残された数名の武将と最後まで戦場に留まり、敵の捜索を逃れながら戦い抜いたことにしたのである。これによって、これから集める東国武士達に対して、伝えるべき軍《いくさ》の大義がつながる。実平が先導したこの真鶴からの脱出の演出こそ影武者の利用であり、実平の「計略」であった。

そして舞台は安房猟島に移る。

戦の始まりから一週間も立った頃、既に死んだと思われていた頼朝が安房房総に現れたのだ。ここに現れた頼朝は、影武者ではなく本物である。真鶴から安房に向かう海上で、影武者はどこで頼朝に差し替えられたのか。その地点こそ、箱根山行実から受け取った下文を差し出した江島神社(江ノ島)であった。

このように振り返ると、この虚実一体の計略の妙は江ノ島を中継地点として「虚」を「実」に差し替えたことにあるといえる。安房に到着した頼朝一行は、江ノ島で二手の態勢を立て直すことで、次なる展開への準備ができたのだ。

この虚実一体の計略が功を奏し、石橋山で敗れた頼朝は、真鶴から漕ぎ出した一艘の小舟により不死鳥のように蘇り奇跡の復活を遂げたといううわさが広まった。

そしてこのうわさを聞いた東国武士たちは、再生した頼朝の元に続々と押し寄せ、勢力は奇跡的な拡大を遂げたわけである。

安房に着いてから東国武士を束ねていった頼朝の快進撃は、『吾妻鏡』によると次のようになる。

八月二十九日――安房国猟島に到着(頼朝と共に到着したのは数名)

九月十三日――従う軍兵は三百余騎に及んだ
九月十九日――上総広常の軍勢が二万騎で参上
十月二日――千葉常胤の兵や石橋山で散り散りになった者が集まり三万余騎に
十月十八日――(平氏の軍を迎え撃つため)二十万騎の精兵を率いて足柄を越える
十月十八日――(夕刻)黄瀬川に到着。甲斐源氏・信濃源氏・北条殿(時政)が二万騎の軍勢を率いて合流し二十二万騎に
十月二十日――(頼朝軍と平氏維盛《これもり》軍がそれぞれ富士川に到着)夜半になって平氏軍は水鳥の飛び立つ羽音を軍勢と音と思い、京に逃げ去る

集まった兵力の数にはだいぶ誇張がありそうだが、わずか二か月余りで、相模や武蔵の武将の多くを頼朝側に付けることに成功し、平清盛が送り込んだ平家の追討軍は戦わずに撤退、奇跡的な復活・勝利につなげるのである。

5——江島神社の由緒と頼朝・北条時政の関わり

江島神社の由緒には頼朝や北条時政が登場する。だが、なぜ頼朝たちが関わるようになったのかという本来の縁起(創立の由来)に触れた記録がどこにも見当たらない。「愛川八菅山ルート」上には江ノ島があり、頼朝や時政(父子)はこの時に江ノ島の岩屋(江島神社)に立ち寄ったことが想定できる。

◉江島神社の由緒

江島神社の概要を神社のホームページで調べると、その由緒は源頼朝や北条時政と強いつながりを持つ神社であることがわかる。『吾妻鏡』によれば、石橋山の戦いから二年後の寿永元年(一一八二)、頼朝が江ノ島に出かけ、頼朝の命により文覚上人《もんがくしょうにん》(伊豆に配流中に頼朝と親交を結ぶ)が島の岩屋に弁財天を請したとあり、これをもって創建とすることもあるという。また、文治元年(一一八五)には、頼朝が弁財天(現・奥津宮)に鳥居を奉納している。

『太平記』によれば、建久三年(一一九〇)北条時政が、子孫繁栄を願うため江ノ島の御窟(現在の岩屋)に参籠したところ、満願の夜に弁財天が現れたという。時政の願いを叶えることを約束した弁財天は、大蛇となり海に消え、あとには三枚の鱗《うろこ》が残され、時政はこれを家紋にしたと伝えられている。

このように、江島神社は頼朝や時政とのかかわりをもって由緒とするが、なぜ二人が深いかかわりを持つようになったのかという本来の縁起には言及していない。

「愛川頼朝伝説」に従えば、頼朝は、八菅山で船を調達したあと相模川を下り、相模湾から江ノ島に至る。頼朝は江島神社の長に源義朝の下文を示し、一同の食事や夜具などの支援を得たであろう。これは治承四年(一一八〇)八月のことである。

これによって、頼朝はのちに江島神社を訪れ、石橋山逃走時の支援の恩賞として弁財天を祀り、鳥居の奉納を行ったと想定することができる。

治承四年の頼朝来訪の縁起が歴史に残されなかった理由も、頼朝が寺社の力に依存した事実を隠そうとする力が働いたからであろう(『吾妻鏡』②③)。だが隠されたこの事実は、後に頼朝が恩賞として行った寿永元年(一一八二)の弁才天や鳥居の奉納などによって説明ができるのだ。

また、北条家との関係は、家紋・社紋からうかがうことができる。

江島神社の社紋をみるとその紋様は、北条家の家紋「三つ鱗《うろこ》」の周囲に波が描かれたもので「向い波の中の三つの鱗」を表現しているという。この社紋は、時政が荒波を超えて江ノ島に到着したときの苦難と江ノ島に着いた時の光明を留め置くために表現されたようにも見える。

では三枚の鱗は何を示すのか。私には江ノ島にたどり着いた源頼朝、北条時政、北条義時の三名を示したものではないかと思える。

◉江ノ島は理想的な中継地点

「愛川・頼朝来訪仮説」から石橋山から安房までの逃走経路を想定すれば、江島神社は、水上の飛び石のように都合のよい地点にある。

箱根権現別当行実が頼朝に江島神社への立ち寄りを勧めたとき、頼朝はその提案を大いに歓迎したはずだ。

頼朝が江ノ島を気に入る最大の要因は、そこが海上の船からはよく目立ち、かつ島は敵の人馬が攻めにくいという点だ。

江島神社の社紋

北条家の家紋「三つ鱗」

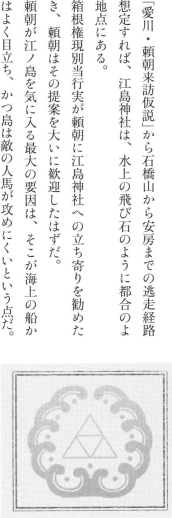

『吾妻鏡』には建保三年(一二一五)九月にこの地域に大地震が起き、翌建保四年一月十五日の条には「江ノ島へ、徒歩で渡れるようになった」という記録がある。それまでは船でしか渡れない自然の要塞であった。

江ノ島には、修験道者の行所とされた岩屋がある。それぞれ海に面して第一岩屋(奥行き百五十二メートル)と第二岩屋(五十六メートル)がある。今日では有名な観光名所となっていて、洞窟を蠟燭一本で進むと、いつの時代に置かれたかもわからない古びた石像が暗闇の中で幽《かす》かに見える。頼朝たちの軍議が近くで行われているような幻想にも浸れる。

地理的に見た江ノ島は、頼朝がたどってきた愛川ルートと土肥実平たちが土肥・真鶴から安房に至る真鶴ルートが合流する地点であり、分散して逃走した後の集合地点として最適であった。

江ノ島を集合地点とすることには、安房上陸を前に、いくつかの重要な戦略意図があった。その一つは、バラバラになった態勢を整えることである。頼朝が歩んできたルートも危険だが、実平がたどる真鶴から江ノ島へのルートも、土肥郷が炎上したことにより脱出には大きなリスクがあった。頼朝にとっては自らが無事江ノ島にたどり着いても、三浦に血縁のある実平や岡崎義美と合流できなければ、先に安房に上陸している三浦方との折衝に際しては難しい対応が予想された。そこで、頼朝には実平との事前合流が不可欠であった。

二つめは、安房から巻き返しを図るために頼朝は、兵は僅かではあっても石橋山の敗北は認めず、威厳をもって安房に到着しなければならないことを強く意識したはずだ。頼朝一行は、逃走に際し重たい鎧・兜を脱ぎ、身軽になっていただろう。そして武具一式は、しとどの岩屋で土肥実平に預けたはずだ。そのため武具類は、江ノ島で受け取る必要があった。

三つめは、猟島への船の進め方である。猟島へ到着した船とその乗船者は、『吾妻鏡』の真鶴出航時の記録として残されていると思う。つまり、江ノ島を出るとき、北条時政ら

江ノ島洞窟の入り口付近

が乗った船が先に出て、翌日頼朝一行の船を出すのである。

時政が一足先に出発するのは安房猟島での安全を確かめる斥候《せっこう》としてである。この仮説は『吾妻鏡』の不可解な事の一つ、敵が頼朝を探し回る土肥の真鶴からの出航時に、なぜ時政は頼朝を残して一日早く出発したのか（『吾妻鏡』⑨）という釈然としない疑問を解決してくれる。戦地ではない江ノ島からの出発であれば、時政が先陣役となることは理にかなっているからである。

江ノ島での集結は、戦の前から計画の一つになっていたと思う。だが日程的な確認までは不可能だ。土肥に潜伏している土肥実平に頼朝はどのような方法で連絡を取ったのだろうか。

◉「実平の妻からの使者」は頼朝が送った使者だった

実平は頼朝から連絡が来るまで、土肥の山中で待機していたと思う。

そこで注目されるのが、実平の妻からの使者である。

「実平の妻からの使者」は、実平一家の諷示の一つとして取り上げたように、謎めいた連絡であった。それ故、これが実平の妻が遣わしたかといえば疑わしい（『延慶本』②）。

私はこの使者は頼朝が八菅山に到着し、船が確保できた段階で、頼朝自らが実平に送った使者であったと考える。頼朝は、「これから江ノ島に向かうので、急ぎその地点に集合せよ」という伝達を実平に宛てた。実平はその連絡を受けて、「さてはうれしき事ござむなれ」と喜び、「相ひ構へて今夜の中に海人船に召して……」と出発を急いだのだ。「相ひ構へて」とは、頼朝は八菅山から、実平は真鶴から双方が(江ノ島を)目指す、と解釈できる。

では、頼朝が実平の許に遣わした使者は誰だったのか。それは、八菅山まで頼朝に同行してきた永実しかいないだろう。頼朝の八菅山からの経路は船旅となるため、道案内役としての永実の役割は終わる。そこで頼朝は、箱根山に戻る永実に再度土肥の山中に戻る使いを頼んだ。永実は修験(山伏)の経験を積んでいて、丹沢山系は山伏の道場であった。八菅山から土肥までは丹沢山系の尾根を経由することで実平の潜伏先に短時間でたどり着くことができたであろう。

6——安房に到着した異形な船の正体

「愛川・頼朝来訪仮説」を証明する物証は残されていない。しかし、ここに取り上げる『延慶本』に残された頼朝が安房に到着した時の船の描写は、この仮説を証明する貴重な文献証拠となるだろう。

◉頼朝が乗っていた船は川船だった？

「愛川村人説話」では、頼朝は船で中津川・相模川を下り安房に向かっている。一方『吾妻鏡』『延慶本』では、頼朝は土肥の真鶴から船で安房に向かったことになっている。この二つのルートのうち、どちらかは歴史上の事実であり、片方は間違いということになる。この両説に対していずれが事実なのかを判断できる証拠はないのだろうか。

そこで私は、頼朝が安房に到着した時に乗っていた船の形状こそ、愛川村人説話を裏付ける有力な証拠になるのではないかと考えた。つまり、真鶴から乗った船であれば安房に着いた船は海人船《あまぶね》(漁師が乗る船)の類であり、愛川八菅山から中津川を下った船であれば河川の航行に対応した船でなくてはならない。

そこで、改めて『延慶本』に書かれた船の形状を記すと、真鶴(小浦)を出航したときは「海人船一艘」だったが、安房に着いたときに乗っていた船は「あそこにみえる船は見慣れない珍しい船だ。これほどの大風が吹いているのに、海人船、釣り船、商い船などには当てはまらない形をしている」と海人船でないことを証言している。このことから頼朝は途中で船を乗り換えたか、真鶴からの船には乗っておらず、別のところで船を調達した可能性を指摘した(『延慶本』⑦)

この船を見つけたのは三浦の武士達であり、日頃から海辺に住む人たちだ。その人たちが海で見かける船ではないと生々しい描写で語っている。『延慶本』にもとづけば、頼朝が乗っていた船は、その形状から川を下ってそのまま海を航海してきた船であることが想定されるのである。

◉熊野船説の浮上

川船の歴史を調べると、日本は森林に恵まれていたので、平安時代までの和船の主流は木を刳りぬいた刳船《くりぶね》(丸木舟)だったようだ。おそらく単材刳舟から複数刳船へ、そして舷側板をのせた準構造船へと進んだことが想像されるが、その間の事情を伝える資料は見つからず、日本の舟の歴史に構造船が登場するのは一五世紀といわれている(『利根川高瀬舟』〈4〉)。当時の船体が重くて喫水が深くなる川船では、海洋にまでこぎ出すのは難しかったであろう。

頼朝が八菅山で調達した、川を下り海上も航行できる船には、川船以外にもう一つの選択肢がある。それは、八菅山の僧が海路を使って紀伊の熊野と行き来していた熊野船の利用である。

網野善彦氏は『伊勢と熊野の海』「太平洋の海上交通と紀伊半島」〈5〉のなかで、太平洋の海上交通は黒潮の流れる外洋であるがゆえに困難とされてきたが、近年の発掘調査でほぼ完ぺきに克服されたとし、「どのように遅く見ても十一世紀後半からの院政期には、紀伊半島を中心に東は東国・東北、西は土佐(高知県)・九州にいたる太平洋の海上交通が安定した航路となり、活発な船の往来があったことは確実に証明できる」という。

網野氏は、この根拠として伊勢神宮の御厨や熊野社領の実態に焦点を当て、詳細な分析を行っている。そのなかで熊野社領は、寛治四年(一〇九〇)から保延四年(一一三八)にかけて白河上皇が各地の田畑等を熊野山に寄進したことから始まり、中世前期までに熊野社領は四二カ所に及んでいることを明らかにしている。また、その分布を見ると紀伊半島の東方、東海道諸国にも多くの荘を保持し、その地域だけで十八カ所に上る。

熊野社の勢力は全国に及び、その財力やそれを支える海上交通などの補給網は強大であったことがわかる。

当時の熊野の権力を五来重氏は『熊野詣』〈6〉の中で次のように書いている。

「熊野別当と熊野大衆は熊野修験道集団を形成していたのであるが(中略)、別当は軍事的には武士団の棟梁であり、宗教的には熊野権現の名において山伏を統率する熊野修験道の管長であったわけである。しかも経済的には神領荘園を支配し、莫大な貴族の寄進施入物を収納するのであるから、ヨーロッパ中世の法王のように教権と俗権をあわせ持つ主権者であった。」

熊野領の分布に戻ろう。この東海道諸国にある熊野領の立地を地図上で確認すると、ほぼ半数は海浜部や河川部となり、船舶を利用した機動的な荘園経営が行われたことがうかがえる。そこで、八菅山における頼朝の船の入手ルートには、相模国の愛甲荘《あいこうのしょう》(厚木市)とも共有された船の調達が想定できるのだ。

ここで小島瓔禮《よしゆき》氏から本書の序文としていただいた説が重要な意味を持

中世前期までの熊野社地域分布

道	国名	荘園名	数
東海道	伊勢	八対野荘	1
	尾張	六師荘、　牛野荘、　那古野荘	3
	三河	竹谷荘、　蒲形荘、　碧海荘	3
	遠江	山名荘	1
	駿河	長田荘、　足洗荘、　北安東荘	3
	伊豆	江馬荘	1
	甲斐	八代荘	1
	相模	愛甲荘	1
	上総	畔蒜南荘、　同北荘	2
	下総	匝嵯南条荘	1
	常陸	熊野保	1
	小計		18
東山道(陸奥)			1
北陸道(越前)			1
山陰道(但馬)			5
山陽道(播磨、備前、美作)			5
南海道(紀伊、安房、土佐)			10
西海道(筑後、日向)			2
総計			42

＊『伊勢と熊野の海』「太平洋の海上交通と紀伊半島」資料を一部簡略化

つ。それは、「八菅神社の前身の熊野権現は、熊野山領の愛甲荘の鎮守であった」とする説のことである。この説は、頼朝を乗せた熊野船の停泊地点が、現在の愛甲荘があったとされる厚木市の相模川沿いではなく、さらに上流の愛甲郡愛川町中津の近辺であった可能性を示している。

この序文の元になった『八菅信仰史のエチュード〈7〉』によると、中津地区の字六倉《むつくら》は、相模川の川幅が広くなった川船の港にふさわしい場所であり、そこから八菅山までは、(中津)台地に一筋の路が通っていたという。熊野船は六倉の相模川に停泊し、流れの急な中津川の船着き場(津)には、陸路で船が運ばれたのかもしれない。

◉熊野船の形状

では、熊野船とはどのような船だったのだろうか。

八菅山に残された正応四年(一二九一)の石碑から、八菅山は熊野本宮から来た修験者たちが立ち上げた修験集落だったことが想定できる(『修験集落八菅山』)。熊野本宮(和歌山県田辺市本宮町)は、新宮(同新宮市新宮)から熊野川(新宮川)を二十五キロメートルほど溯ったところにあるため、移動手段としては河川と海路に両用できる船が求められていたと思われる。実際に旧社地の本宮には、船着き場とみられる石畳も残っている(『熊野詣』)。すると熊野と八菅山を結ぶ船は、太平洋の運行に耐えながら、かつ出発時点と到着時点で川を利用する航路にも適した船であったはずなのだ。

このような用途に対応できる熊野船の形状とはどのようなものだったのだろうか。

和歌山県新宮市の熊野速玉大社《くまのはやたまたいしゃ》例大祭で行なう御船祭りでは諸手船《もろとぶね》といわれる船が登場する（写真は南三重地域活性化事業推進協議会の提供による）。

現在利用されている諸手船は、次のように説明される。

「現在の諸手船は、昭和七年（一九三二）に制作されたものだが、寸法は、総長十三・四メートル、肩幅二・一メートル、敷長八・八メートルで、形態は熊野灘沿岸の漁船に近く、その構造は水押《みよし》（船首）が反り出ている天頭型《てんとがた》で鰹・鯨船などにみら

熊野速玉神社の御船まつり（船は諸手船）

れた海型である。また、熊野水軍の主力軍船、小早《こばや》（関船）の形態を残す貴重な船であることが指摘される。これらのことから、諸手船は、海型の川船の特徴を維持する船として価値が有するものと認められる。」（三重県教育委員会事務局「文化財データベース」より）（傍線は筆者）

和歌山県南部の古座川では昔から伝統祭礼「河内（こうち）祭」の重要行事として「御船行事」がある。御船とは、河口から三キロメートルほど上流の中にある御神体を運ぶ役割を担うが、御船は古式捕鯨の鯨舟に装飾を施したものである。

全長約十一メートル、幅約二メートルの杉造りで、船底は浅瀬の多い古座川をさかのぼれるよう少し浅くしているという。古式捕鯨の始まりの地は、戦国時代後期（一五七〇年代初頭）の伊勢湾沿岸とされるが、平安時代末期の治承・寿永の乱で熊野の水軍が活躍し、組織的な操舵技術と高度化した鉄製の武器が古式捕鯨につながっているといわれている。（「水の文化五十四号和船が運んだ文化」ミツカン水の文化センター）。

熊野速玉大社の諸手船も「河内（こうち）祭」に登場する御船も、その起源はほぼ同じ船形であったと考えていいだろう。このような比較的大型で船底の浅い船が熊野の僧たちの地域間の交通にも使われたとすれば、頼朝が乗った船に複数の武将が乗り、海を渡ることも十分可能であったはずなのだ。

◉真鶴に伝わる鮫追い船説との関係

このような熊野船説を想定すると、私は真鶴に伝わる頼朝の出航にまつわる伝説を連想せざるを得ない。

真鶴には、鮫《さめ》を追う船が頼朝の乗った船であったと伝える次のような伝説がある。

岩村（真鶴町岩）船出の伝説によると、八月二十八日頼朝が小舟に乗って、海上を二，三町漕ぎだした頃、大庭の方人がこの浜に追いかけてきて、土地の人に尋ねるが知らないと答える。それならばあそこに見える兵器を立て並べた船は何かと問いただしてきた。土地の人は偽って、「あの船は鮫追い船と言って、漁の妨げをする鮫を追いかけてつかまえるための船です」と答えた。そこで頼朝は、天下を掌握した後、その二艘の舟役を長く免除したという。（松本赳　雑誌『頼朝会』の記事を現代文にした）

この伝説を紹介する松本赳氏（明治五年〈一八八二〉～昭和二十三年〈一九四八〉）は、明治期の真鶴の村長（町長）である。同氏は雑誌『頼朝会』[8]の中で、真鶴からの船出の伝説について解説したあと、

「(鮫追い船の)舟役免除の証状は、北条氏のものが三通、徳川時代の徴税令書の中に二艘の舟役免除の証拠も今筆者(村長)の手元に蔵してある」とその信憑性に自信を示している。一方、掲載した雑誌『頼朝会』の編者は、松本論文の記事末に「鮫追船免許状のことは後北条氏の発したもので、同氏(後北条氏)はいろいろの場合に特許状を発していることから、これは後人の付会《ふかい》(こじつけ)から起こった事と思われる」と結び、掲載紙面の中で筆者と編集者の論戦が見られる。

だがこの論戦に、頼朝の乗った船＝熊野船説を持ち込むと、真鶴に鮫追い船説が生まれた理由が解けてくる。

後北条氏が下した舟役免除の証状は、頼朝が乗っていた船が、鮫追船のような船形をしていたことを物語っている。「兵器を立て並べた船」とは、熊野船の船首の反りだし部分が天頭型であることや、船の側面に取り付けられた複数の櫂《かい》の取っ手が兵器のように見えたためであろう。そこで、真鶴の鮫追船説は、後北条氏の時代に入って、安房に到着した頼朝の船が、鮫追い船に似ていたという噂が真鶴の役人に伝わり、地元の鮫追い船の船役を免除することになったと考えれば、つじつまが合うのである。

第五章——新たな逃走ルートを巡る推理

ここからは、第四章で整理した新たな解釈を逃走経路の通過地点ごとの出来事に落とし込み、逃走の所要日数、各地の頼朝説話との関連、頼朝の心象風景などを推理してみたい。

この推理の工程で私は、『吾妻鏡』が示す八月二十九日安房到着という条件にこだわる。その時間枠(ほぼ一週間)の中で歴史場面を詳細に描き切ることは、逃走ルートの実現可能性と検証性を高めると考えるからだ。

1——石橋山から箱根山までの逃走経路

ここで参考にするのは、平家物語の読み本の一つである『源平盛衰記《げんぺいせいすいき》』である。『源平盛衰記』は『延慶本平家物語』に比べて大幅に加筆されていて、その内容には矛盾も多いといわれているが、ここであえて取り上げるのは、石橋山の逃走経路に、『吾妻鏡』『延慶本』とは異なる具体的な堂や洞穴の名が見られるためである。

◉山の峯の臥木――『源平盛衰記』では小道地蔵堂

『源平盛衰記』では、最初に逃れた地点が「巨大な洞のある倒木」となっていて、頼朝が集まった兵に分散を諭した「倒木の上」の地点と、次に頼朝が正観音像を取り出した「巌窟」の地点が一つの地点の出来事として登場している。そして、次に向かう場所として「小道地蔵堂《しょうどうじぞうどう》」という寺での出来事が書き加えられている。

『完訳源平盛衰記　四』から小道地蔵堂での出来事の導入部分を抜粋してみよう。

佐殿(頼朝)の主従八人は小道の峠を登り終わって振り返ってみると、すぐ下まで敵が追い登って来る。「この上は、いかにすべきか。自害の他にないか」とおっしゃるのに、土肥実平がお答えして、「それはお気の早いことです。この辺の様子を見てみましょう」と、近くの高いところに上って見回すと、かたわらに寺の屋根が見えた。これは小道の地蔵堂と呼ばれている寺である。八人が急行して本堂に入って見ると、僧侶が唯一人で仏前で経を読みながら数珠をつまぐっている。

この「小道地蔵堂」での出来事の大筋は、まず、大庭たちが押し寄せたので頼朝たちは仏壇の下に掘られた七、八人も入れる大きな穴に隠れた。しかし僧侶は頼朝の所在を最後まで大庭軍に言わなかったので、拷問にかけられ命を落とす。そして、大庭たちが去った後、頼朝は僧侶が亡くなっていたことに涙するが、その涙で喉がうるおった僧侶は生き返った、というものである。

昭和五年（一九三〇）、神奈川県史跡名勝調査委員（当時）の佐藤善次郎・石野瑛両氏は頼朝石橋山旗揚げ七百五十年記念祭に際し、石橋山から箱根に抜けるルートを踏査した。そこで佐藤氏らは、星ヶ山山頂近くの寺屋敷と呼ばれる場所で四個の礎石を発見し、計測の結果、七間四面の堂があったらしいことを確認した（『相模武士 三』〈1〉）。

この調査から、星ヶ山山頂近くにあるという小道地蔵堂は、「倒木の上」の地点に近いことがわかる。しかし従来からの石橋山の歴史は、頼朝が箱根山（あるいは巌窟）から道を下って再び真鶴に出るルートを採るため、「倒木の上」と同一視ができなかったのだと思われる。

だが、「愛川八菅山ルート」を仮定すれば道は一方向であり、小道地蔵堂は、石橋山から巌窟に向かう途中にある。小道地蔵堂が最初の結集地点（「倒木の上」）であったとすれば、山中でこれほど分かり易い目印はない。星ヶ山は遠くからでも目に入り、その麓に行けば小道地蔵堂にたどり着く。なぜ『吾妻鏡』や『延慶本』では、これほどわかりやすい地点を小道地蔵堂と呼ばなかったのか。

本書のここまでの考察から理由は明白であろう。頼朝の逃走路を安房まで振り返ってみると、その多くが神社を中継地としているが、それらの神社の存在は、史書からほぼ消されている。そこで小道地蔵堂の存在も同じ理由から消去されたのだと思われる。

現在、小道地蔵堂は移転して吉浜海岸の街道沿いにあり、明和二年建立の碑が残る。そこには地蔵堂の上人を純海として、後に頼朝が宝券を手書きして、新たな土地を用意し立派な堂宇を建設したという記録が残されている(『相模武士三』)。

小道地蔵堂から次の「巌窟」までの道の案内者は、地蔵堂の上人純海であったと思われる。

◉「土肥の鍛冶屋が入るという山」──『源平盛衰記』では鵐の岩屋

頼朝が潜んでいた岩屋は今日「鵐《しとど》の岩屋《いわや》」といわれているが、これは『源平盛衰記』で付けられたもので、『吾妻鏡』では「ある巌窟」、『延慶本』では「土肥の鍛冶屋が入るという山」に対応する。

鮫追い船の話題で登場した真鶴町の元町長(村長)松本赳氏は、「鵐の岩屋」についても興味深い記事を書いている。

一体「しとゞの窟」といふ名は、鵐がそこに住んでいた所から起こった名であらうが、都近い所ならいざ知らず、僻遠な山間には、しゃれ過ぎた名である。土肥の山間にあつたとしても、真鶴の海岸にあつたとしても、あまりにしゃれ過ぎた名ではなからうか。東鑑にあるやうに、「ある岩屋」という位の所が、最も事実に近いもので、「鵐の窟」といふ名は、源平盛衰記の作者の創造かも知れない。(雑誌『頼朝会』)

続けて「頼朝時代に土肥山中に居つたものならば、今でも鵐が居りさそうなものなのだが現在誰れもこれが鵐だといふて実際の鳥を知れる者がいないのもおかしい」とも付け加えている。

しとど(鵐)は、ホオジロ・アオジ・ノジコなどを総称する古名で、そのうちノジコは野鵐と書き、鳴き声が良いので、古来飼い鳥とされる(『大辞林』)。しかし、『大辞林』には「しとど」についての別の語義も挙げられていて、①勢いの激しいさま、②雨・露などにびっしょりと濡れるさま、③涙などのぐっしょりと濡れるさま、の意があるという。さらにこの語には「歯をいみじゅう病みて、額髪もしとどに泣きぬらし」という清少納言の「枕草子」(十世紀末から十一世紀初頭の成立)の用例が添えられている。

岩屋の現地をみると「鵐の岩屋」は、目測で横幅十メートル、高さ四メートルほどの間口の広い岩屋（奥行きは土で埋められ今は浅い）であり、その真上から湧き水らしき水が滝となって落ちている。

そこで、この岩屋は、「鵐《しとど》」という鳥にちなむ岩屋ではなく、出入りするたびにびっしょりと濡れた経験を持つ修験者たちが名付けた「しとど」の岩屋であったのではなかろうか。

加えて、土肥実平の心情を察すれば、次のような由来も考えられる。

『源平盛衰記』では、実平が「焼亡の舞」で三つの光を舞うときに、次のような謡が入る。

「うれしや水々《みずみず》、鳴るは瀧《たき》の音。悦び開けて照らしたる土肥の光の尊《とうと》さよ。我が家は何度で

しとどの岩屋
上部に雨どいのような自然の水路があり、岩屋の前には水受けの石囲いがある。

も焼きたければ焼け。君が世にお立ちになってくださりさえしたら、土肥の杉山は、ただもう広いので、緑の梢の尽きることも、よもや、あるまい。……」

実平はこの岩屋の前で、所領とする村々が焼かれ、頼朝に対しても土肥真鶴から助け出すことができない無念を心に抱き「焼亡の舞」を謡い舞っている。とすれば、この岩屋の名前の由来は、流れ落ちる水に隠された、実平の目から流れ落ちる無念の涙を表しているのかもしれない。この由来もまた「しとど」の岩屋なのである。

石橋山から箱根権現までの経路をまとめると、下図のような経路と地点名が適切と思われる。

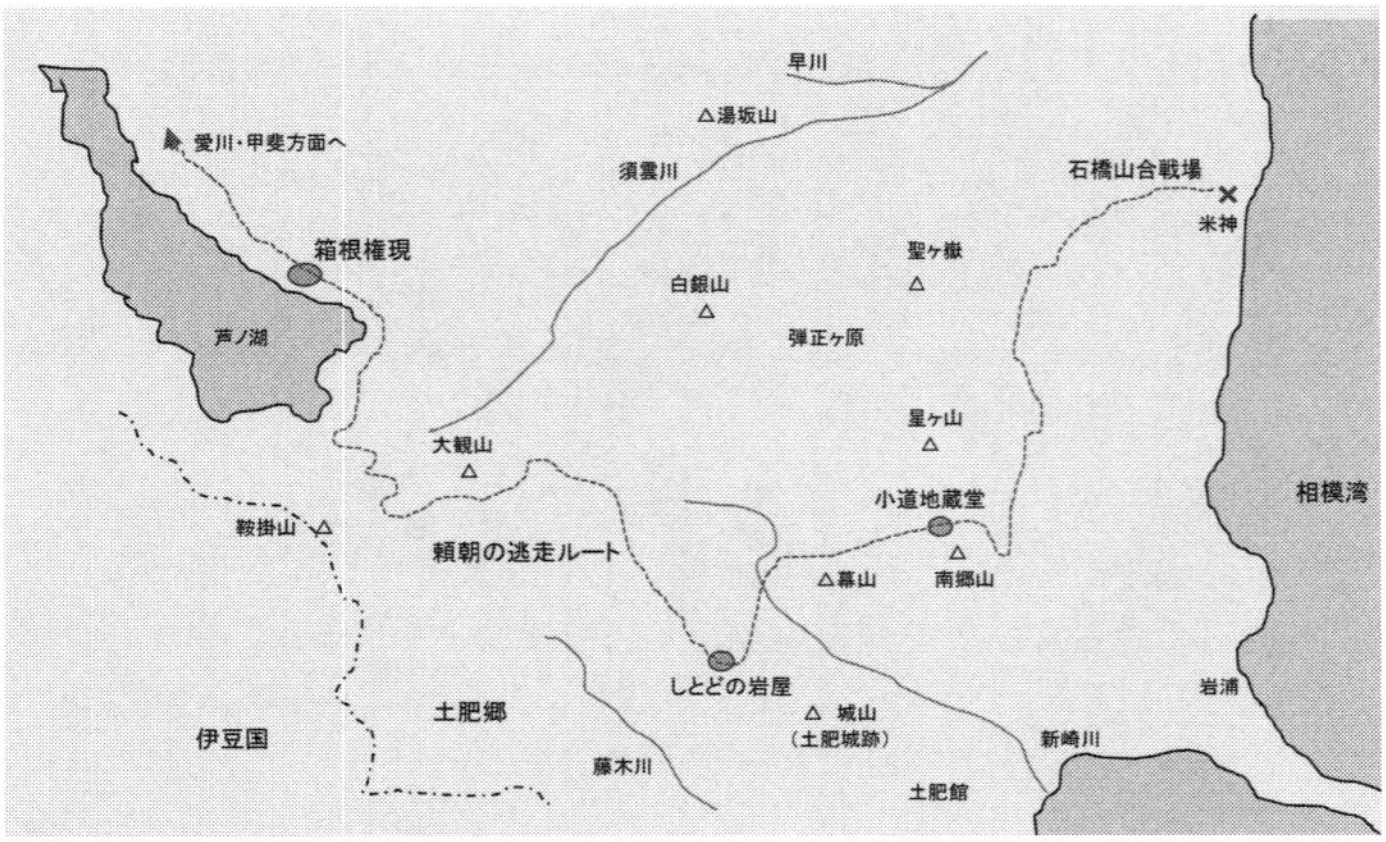

石橋山の戦いでの頼朝の逃走経路

＊本図は湯山学『相模武士三』「石橋山合戦前後における頼朝の行動経路推定図」を参考にした

2――箱根山から愛川までの道のり

◉八菅山まで百キロの行程

箱根山から八菅山を目指した頼朝の一行は、どのようなメンバーだっただろうか。史書における石橋山からの逃走路は真鶴ルートしかないのだから、当然、「愛川八菅山ルート」を踏破した一行の構成などはどこにも残されていない。

私は、箱根山からの逃走状況から源頼朝(当時三十四歳)の同行者は、配流中から側近であった藤九郎(安達)盛長(四十六歳)、北条時政(四十三歳)、時政の次男北条義時(十八歳)、箱根山の僧永実(年齢不詳)の五名であったと想定する。五人の装束は、道中で敵に遭遇するリスクを考えれば、落武者然とした武士姿よりも山伏や僧兵に近い装束だったと思われる。

ここで想定するルートは、箱根山からまず山中湖方面に向かい、そこから甲斐の道志を経由して愛川八菅山に向かう。山中湖から道志に入る峠には山伏峠という名が付けられていて、昔から山伏の行き来する行者路であった。五人程度の山伏や僧兵の集団であれば、敵が頼朝を探し回る山中でも、箱根山や丹沢山で修業する修験者として違和感なく振る舞えたはずである。

「愛川・頼朝来訪仮説」で最も気になることは、二十五日に箱根権現を立った頼朝が丹沢山塊を迂回して八月二十九日までに安房に到着できるのかという日程の問題であろう。

そこで先ず、道志村を通り、八菅山に至るまでの移動時間を推定してみたい。ここでは時政が甲斐源氏と接触して逃走のための馬が調達できた場合である。

まず、箱根山から八菅山までの距離を算出すると、およそ九十八キロメートルである。内訳は、箱根神社から道志村(山伏峠から四キロほど入った白井平付近)までが五十キロメートル、道志村から愛川八菅山までが四十八キロメートルとなる。途中の道志村を中間地点として設定したのは、追手の頼朝捜索の範囲から逃れ、休息や野宿ができる地点と思われるからである(距離計算ではグーグルの距離計測サイト(R1web)を利用した)。

次に馬で移動した場合の所要時間である。

『武士の日本史』の中で髙橋昌明氏は、一ノ谷で平家を攻めた義経の軍勢が、約百キロメートルを移動したときの推定進軍速度を時速四キロメートルであったと紹介している。〈2〉馬に騎乗した軍隊の遠征では戦場で馬の力を発揮させるために進軍の速度は抑えられていたようだ。

JRA(日本中央競馬会)によると、馬の歩法で最も速度が遅い常歩《なみあし》は、時速六・六キロメートル(一分間に百十メートル)とされる。この速度で、箱根山から道志村までの所要時間を算出すると、七時間半ほどになる。石橋山からの逃走は、敵から逃れる必死の逃走はあるが、距離が長い。そこで、この常歩の速度に途中、馬に休憩を与える時間を入れた時間が妥当であろう。

八月二十五日の出来事を時間で追うと、朝、波志太山の戦いが始まり、甲斐源氏の勢力は数刻(一刻は二時間)で俣野景久方を破っている。そのあと時政は甲斐源氏と交渉し頼朝の在所に戻るため、頼朝が箱根山を出発できるのは、午後三時頃と想定してみよう。そこから道志村には先の計算で七時間半かかるので、午後十時半到着となる。途中休みを取ってもその日のうちには着きそうだ。

頼朝一行は、闇に暮れた道志村に入る。そして、民家が見つかり次第その軒先を借りて一夜を明かしたことだろう。翌朝ゆっくり出発しても、八菅山には二十六日の午後には到着できることになる。

◉富士山東麓の若彦路を抜ける

箱根権現を出発したあと、頼朝一行が通った道は、御殿場から甲斐酒折《さかおり》に通じる若彦路に近い経路であったと思われる。

　若彦路は、日本武尊が相模の足柄方面から駿河の横走りを経て、初めて甲斐に入峡した道である。「酒折」は、『古事記』『日本書紀』の酒折宮伝承の地と推定されていて、古代甲斐の政治の中心地であった。

　『甲斐の廃れ路』[3]の著者芹沢正憲氏はこの道について、「それは戦国武将の輸贏《ゆえい》を争う以前の王朝史が、はなやかな頁を繰り広げた国府国衙時代と呼ばれる数百年の間、甲斐と中央政庁の京師とを結ぶ唯一の官道であった路である」

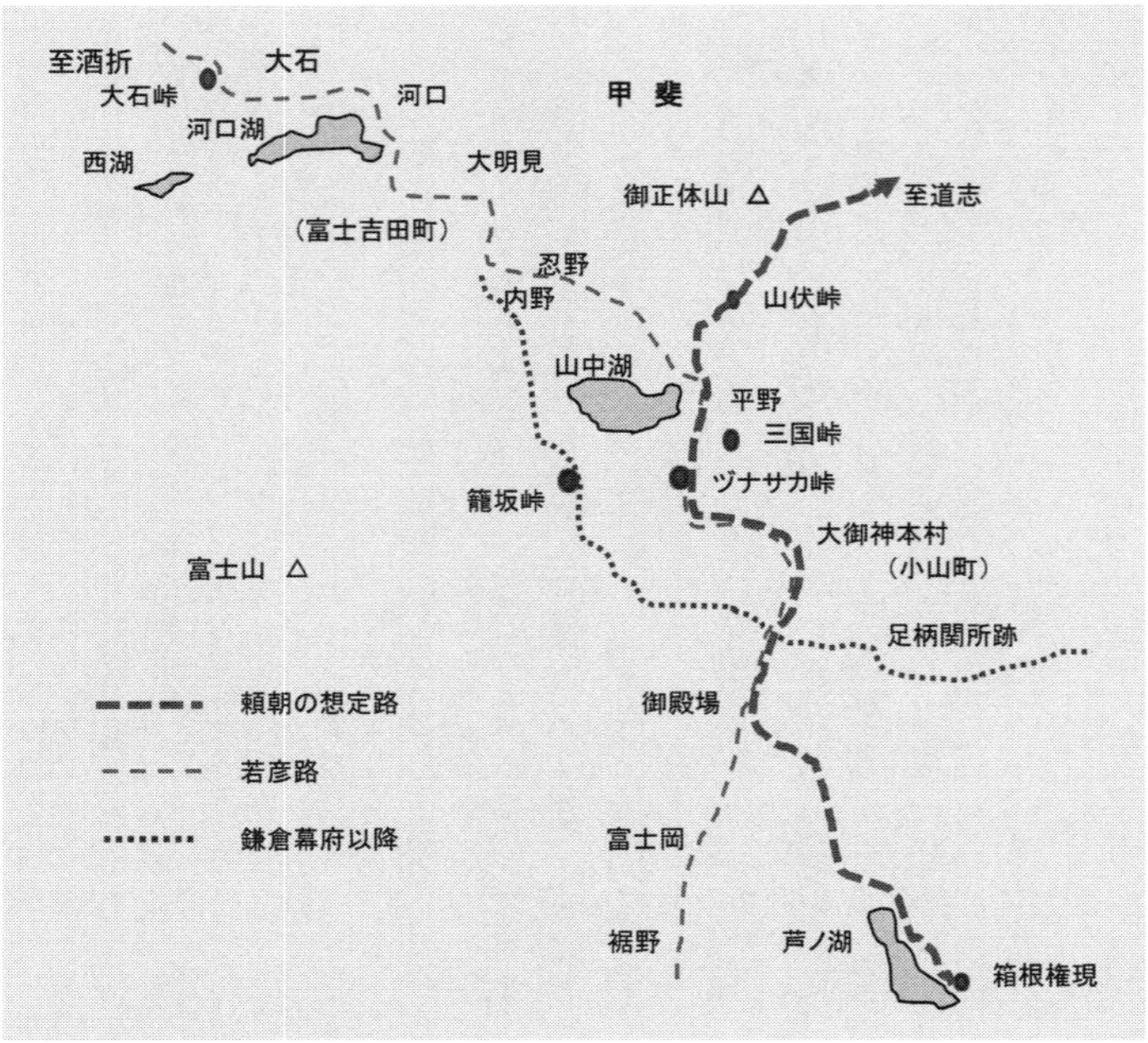

平安末期の若彦路と頼朝の想定経路

とする。

芹沢氏の示す若彦路を利用すると、頼朝は、箱根権現から富士山東麓を甲斐方面に逃れ御殿場に下る。そこから大御神本村に向かい、次に三国峠の西にあるヅナサカ峠に上って山中湖の東にある平野に達したと思われる。

富士東麓は日本特有の偏西風の影響で西麓に比べて富士の噴火の影響を受けやすい。石橋山以前の富士山噴火の歴史を見ると、貞観六年(八六四)に貞観大噴火があり、富士北嶺にあった広大な湖(古剗《こせ》の海)が埋まっている。承平七年(九三七)には、現在の河口湖と富士吉田の間にあった「御舟湖」が埋まっている。そのほか、長保元年(九九九)、長和三年頃(一〇一五年頃、北麓と南麓で同時噴火か)、長元五年(一〇三三)末、永保三(一〇八三)年と噴火が続き、当時の富士は活動期であった。

頼朝が富士のすそ野を走り抜けるとき、左手には噴煙たなびく富士が西日を浴びて影絵のような輪郭を浮かび上がらせていただろう。

鎌倉時代初期に編纂された「新古今和歌集」には西行法師の次のような歌がある。

風になびく富士の煙の空に消えて　ゆくへもしらぬわが思ひかな　　西行法師

富士の噴煙が風になびき空に消えていくように、我が運命もこれからどこに行くことか。富士のすそ野を通過したとき頼朝も西行と同じような感傷を抱いたことであろう。

石橋山から六年後のことである。頼朝が鶴岡八幡宮にお参りをしていると、一人の老人が鳥居のあたりでうろうろとしていた。頼朝が調べさせると、その男が西行であったという。頼朝はすぐさま西行を招待し、歓談した。頼朝は歌道や弓馬の道について質問し、話は夜通しに及んだという（『吾妻鏡』文治二年〈一一八六〉八月十五日条）。西行は、東大寺再興費用を集めて歩く勧進のために奥州（東北地方）へ向かう折だったというから、この歌は、鎌倉に立ち寄る前に富士のすそ野を巡っているときに詠んだ歌であったかもしれない。

西行は酒を酌み交わしながら、旅の途中で詠んだ歌として「ゆくえもしらぬわが思ひかな」の新しい歌を披露したのではなかろうか。あるいは西行は、頼朝から六年前の逃走談を打ち明けられ、それを歌にしたのかもしれない。この歌は、それほどに石橋山逃走時の頼朝の心情に近い。だとすれば、二人の歓談が夜通しに及んだ訳もよくわかるのである。

◉道志村の頼朝伝説

道志村は山梨県の南東部に位置する山村である。村は南西部にある山伏峠から北東部の月夜野にかけて北は道志山塊、南は丹沢山塊の千メートルを超える山が連なり、その谷合を道志川が流れ、川沿いを道志みちが続く。その形状は細長い葉のような形となる。

『道志七里』[4]の著者伊藤堅吉氏は、道志村の伝説として二十七編の昔噺、里譚を取り上げているが、そのうちの七編は、源頼朝の武勇を称える譚である。これだけの頼朝伝説があるということは、頼朝が何らかの形で道志を訪れたことを示しているのであろう。

これら七編の頼朝説話の多くは後述の富士の巻

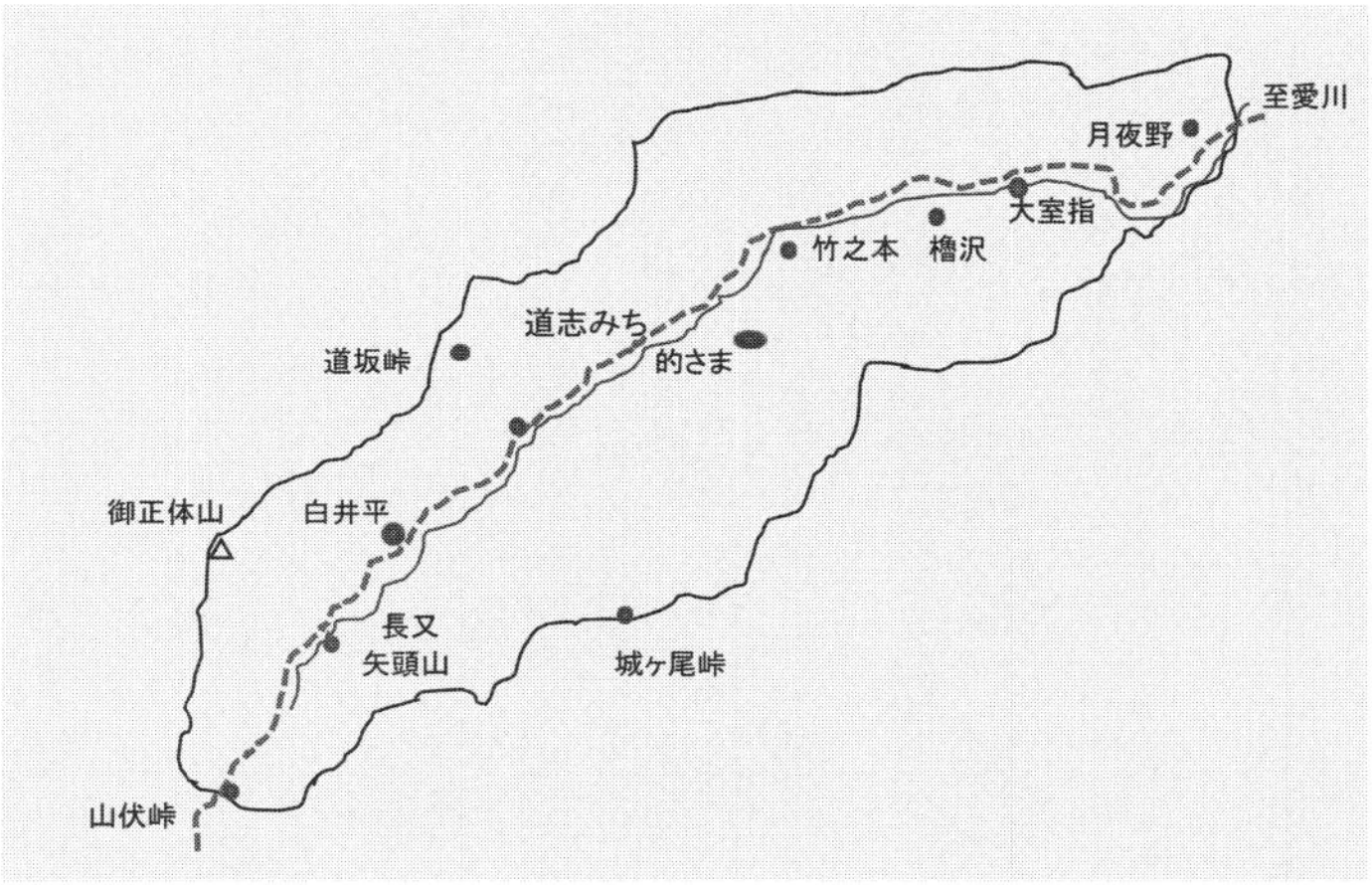

道志村と道志みち

狩りと連関し、源頼朝が武道訓練のため立寄ったという伝説が中心となっている。だが、その中の一つである「頼朝に水を献ずること」は内容が具体的であり、石橋山後の逃走にからむ説話として注目できる。

『道志七里』には次のように記されている。

頼朝が御正体山頂に一夜の仮宿を採られた時のことであつた。頂上には飲用水は全く無く、清水にはさしもの頼朝も難渋された。これを知つた白井平の人、早速道志川の清冽な水を汲んで、頂まで運び上げて公に献納し奉つた。頼朝は非常に喜ばれてこの労を褒賞され、印として水越の姓を賜り、茶釜と掛物一軸を与えられた。この茶釜は今でも水越家に秘蔵されている。

「愛川・頼朝来訪仮説」に基づく経路を通れば、頼朝は道志のあたりで一泊せざるを得ない。箱根山の出発時刻にもよるが、頼朝が道志にたどり着くのはどっぷりと日が暮れ、道志は深い闇に包まれていた頃になる。近くを流れる谷川の水は、せせらぎの音は聞こえても暗くて探せなかったはずだ。丸一日の強行軍の最後に山伏峠越えがあり、頼朝らは水を渇望していた。人里を見つけると足早に人家を訪ね、まず一杯の水を求めた。その人家が一夜の仮宿となったのであろう。

水越家には、その礼として頼朝から受け取ったという一品が残されていたという。『山梨県史民俗調査報告書』[5]には、大正十三年(一九二四)の山口俶徳家文書として頼朝から受け取った茶釜等の近況が書き留められている。

茶釜ハ現在水越佐忠氏方ニ蜘蛛ノ巣タラケニナリ蔵ノ中へ押シコマレテアル、頗ル古キモノノ如ク、元ハ手吊カ縄テアツタカ朽チタノテ鉄トカへ、其ノ茶釜ノコトハ谷村西涼寺ノ過去帳ニ残リテアルトノ話テ、掛物ハ明治ノ始ニ他人ノ手ニ渡リ以来不明テアルト、

頼朝から賜ったという茶釜はクモの巣だらけの状態で保管されていたというが、今はどこにあるのか気になる。

現在、茶釜と掛け軸の所在が不明としても、具体的な器物を授かったという記録は貴重である。ただし、器物の存在記録だけでは頼朝からもらった経緯がわからない。石橋山からの逃走途中で器物を置いていくわけはなく、巻狩りの折の突然の立ち寄り先でそのような貴重なもの

を置いていくことは考えられない。

そこで、頼朝に水を献じた説話は、石橋合戦後の愛川八菅山ルートでの逃走と富士の巻狩りの二つの説話を重ねることで史実に近づけられるのではないか。

◉富士の巻狩りと道志

富士の巻狩りは、『吾妻鏡』によると建久四年(一一九三)源頼朝が企図した狩りの大イベントである。

道志村の一連の頼朝説話が、富士の巻狩りの折に立ち寄った時の伝説だとすると、狩りの屋形が藍沢(静岡県沼津市から同駿東《すんとう》郡《ぐん》小山町にわたる富士山麓一帯〈「現代語訳吾妻鏡」注釈〉)に置かれたときの出来事であろう。日程的には五月八日から十五日までの間ということになり、時間的な余裕から考えてもその時に頼朝が道志村を訪れた可能性がある。

そこで注目されるのが、茶釜・掛物一軸を賜った水越姓の逸話である。この話が現実味をもたないのは、藍沢という狩りの屋形がありながら、なぜ道志の地で一夜の仮宿をとる必要があったのか。巻狩りであれば狩りの途中でわき道に入れば谷川の水には苦労しないと思われるが、なぜ道志の地に来るまで水を飲めなかったのか。さらに、仮宿と水の提供で、なぜそれが立派な褒賞につながったのか、といった疑問が湧くからである。

今日までこのことは、単なる伝説であるからという認識で受け流されてきたのであろう。しかし、石橋山の戦いで道志村を訪れ、一宿一飯のもてなしを受け、頼朝がその恩を感じていたとすれば、富士の巻狩りは、恩返しをするための絶好の機会になる。頼朝は富士の巻狩りに出かける際に白井平の村人に渡すための茶釜・掛物を用意し、道志村を訪れたのであろう。道志村の伝説を歴史上の出来事として理解するためには、頼朝が石橋山の戦いのあと道志村に立ち寄ったという記録を用意する必要があるのである。

『吾妻鏡』には、この富士の巻き狩りに、江間殿がお供の筆頭として参加していることを記している。江間殿とは、後に鎌倉幕府の第二代執権となる北条義時のことであり、石橋山の戦いでは頼朝や父時政とともに「愛川八菅山ルート」で逃れたと想定するメンバーの一人である。巻狩りの折の道志訪問では、頼朝と共に北条義時も加わり村人と再会したのではなかろうか。

◉そして愛川八菅山へ――「愛川（愛甲）幕府」伝説

道志村で一夜を明かした頼朝の一行は、愛川の八菅山に向かう。

八菅山に至る経路は、道志みち（現413号線）を津久井（現相模原市緑区）方面に進み、青根、青野原に至り、そこから南（64号線）に向かい鳥屋（以上相模原市緑区）、宮ケ瀬（愛甲郡清川村）を経由したと思われる。宮ケ瀬に出ると丹沢の沢の清流を集めた中津川に出会う。かつては景勝地「石小屋」、現在は宮ケ瀬ダムがある流域である。頼朝はここから中津川に沿った山道を下り愛川の八菅山を目指したと思われる。

　このルートは、頼朝が「間道を通って」来たという「愛川村人説話」の表現にぴったりの進路なのだ。

　この経路の途中にある愛川町半原には、頼朝にまつわる九十九谷戸伝説がある。

> 平家を滅ぼした源頼朝は、ふたたび館山をおとずれました。幕府をひらくのに適当な土地を探すためでした。

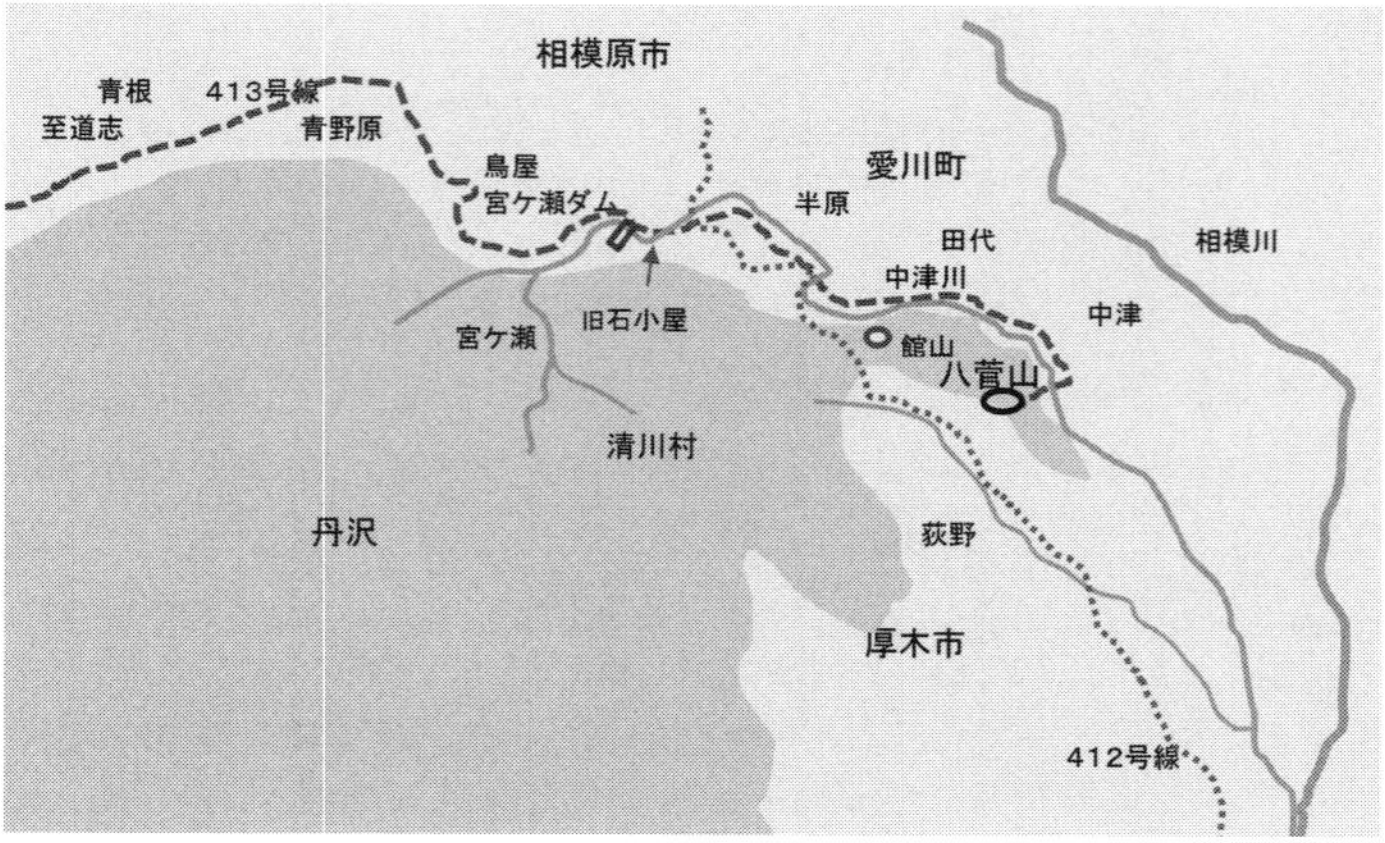

道志から愛川八菅山へ

館山の頂上に立ち、望見すると、経ヶ岳、仏果山、高取山、南山(関山)、志田山にかこまれた半原の地の利に、頼朝はこころを惹かれました。しかし、半原方面の谷戸の数をかぞえてみますと九十九谷戸で、踵《きびす》をかえして鎌倉の方をみると、鎌倉には百谷戸ありました。谷戸の数の多いほど、攻めるに難く、守るに易いので、それで、頼朝は鎌倉へ幕府をつくることに決めました。

半原は、谷戸が一つ足りなかったために、幕府の地を鎌倉にとられてしまいました。

(『愛川町郷土誌』より)

厚木市荻野(旧愛甲郡)にも類似の伝説が残されている。頼朝が石橋山の合戦に敗れて館山に逃れて来たとき、荻野村のこの地に幕府を開くべく計画したが、谷戸が一つ足りずに断念したというのだ(『愛川町文化財調査報告書』第十八集〈平成二年〉)。

谷戸(やと)とは、周りを小高い山や丘陵に囲まれ、谷が細長く続くような地形をいう(鎌倉市、山崎・谷戸の会HPより)。

この地域一帯には、「愛川(愛甲)幕府」の候補地伝説が残されているのだ。石橋山からの逃走の折、頼朝がこの愛川ルートを通ったとすれば、頼朝の頭の中には、この地が丹沢を背にした要害堅固な地として認識することも可能かもしれない。
だがこれは地元の伝説として留めておいた方がよいと思う。
石橋山の逃走時点でそこまで考える余地はなく、頼朝はその後この地を訪れることもなかったであろう。

頼朝はこの地で船を調達するために、しばらく逗留した。その理由を知らない村人にとって、頼朝がこの地にしばらく留まったという伝説は、理解に苦しむことだったに違いない。そこで考えた説が、鎌倉と愛川（愛甲）には共通して谷戸が多いので、この地は頼朝が開設する御所（幕府）の候補地だったのではないかという憶測だろう。

道志村の頼朝伝説には、村に愛着を持つが故に故郷の地形に頼朝の説話を絡ませるという特徴が見られた。愛川（愛甲）の村人も多くの谷戸に囲まれたこの地を愛し、この地元の特徴を通して頼朝がこの地を訪れたことを残しておきたかったのだ。

◉道志ルートに代わるもう一つのルート——頼朝の丹沢越え

「愛川頼朝説話」には頼朝が「間道より」愛川に至ったという記録があるために、道志みちルートを前提に論を進めてきた。しかし、頼朝が馬を確保できず箱根山から徒歩で愛川の八菅山に至ったとすれば丹沢山地を縦断するルートはもう一つの有力な逃走路となる。

　ここでは道志みちを経由するルートを「道志ルート」、丹沢越えのルートは「丹沢ルート」と呼ぶことにしたい。

　そこで、丹沢ルートとして次のような経路を想定してみた。

　箱根山から乙女峠、足柄峠、秦野峠に至るルートは、途中に山伏平という名称があるように、箱根修験が大山修験と交流する最短のルートといえる。また、塔ノ岳（孫仏山）、行者ヶ岳から大山に至る尾根筋は、塔ノ岳の北に延びる丹沢山から丹沢最高峰の蛭《ひる》ヶ岳（千六百七十三メートル）に連なる「丹沢表尾根ルート」の一部であり、大山修験者にとっては、主要な行者道であった。さらに、大山から北東に向か

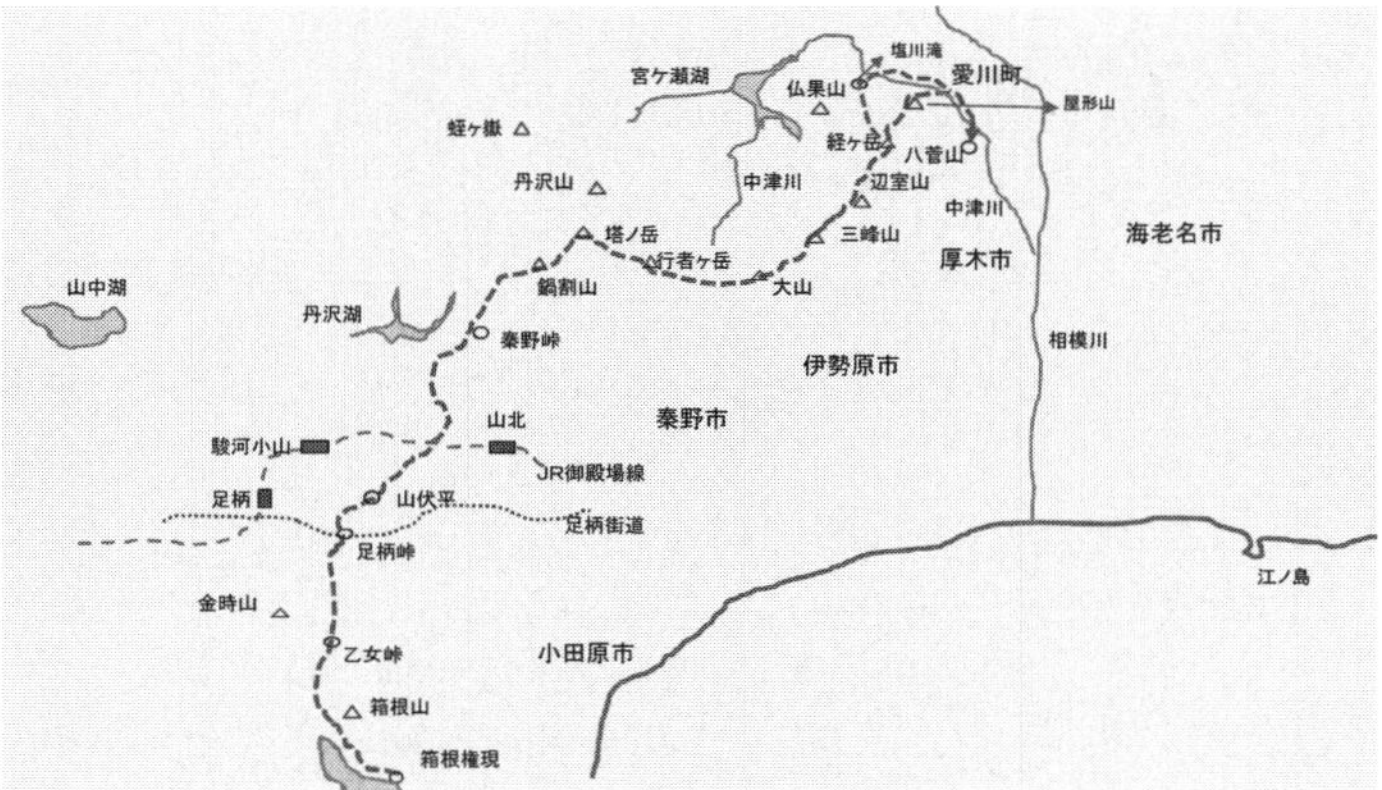

最短の丹沢ルート

う三峰山、辺室山、経ヶ岳、仏果山などは八菅修験の行所が周辺に点在する行者道である。最終目的地の八菅山に至るには、辺室山から経ヶ岳に向かい、そこから第三行所の館山に至るルートが考えられる。塩川滝からも館山からも、中津川伝いに河原道を下れば八菅山に至る。尾根筋を巡る道程は、起伏が大きいという問題はあるが、沢筋を辿るよりも距離が短く高速で移動できる。そこで、複数の山々を抖擻《とそう》(山中を歩いて修行すること)する行者道の基本は尾根筋であった。箱根山の僧永実が先導する八菅山への道としては、馬を利用した「道志ルート」とともに、徒歩による「丹沢ルート」も想定されていたと思われる。

丹沢を縦断することで、距離や時間はどの程度短縮できるのか。

このルートを頼朝が辿ったとすると、箱根権現から八菅山までは六十七キロメートルほどの距離となり、道志ルート(九十八キロメートル)に比べて三分の二ほどの距離になる(『山と高原地図―丹沢』〈昭文社〉の距離表示による)。

だが、山道の走破には所要時間がかかる。山伏の先導、尾根伝いという道の分かりやすさ、日頃から歩きなれた武士の健脚、命がけの逃走という条件下、ここでは、一キロメートルあたり二十分(一時間当たり三キロメートル)の歩行速度が可能と想定しておきたい。

この基準に基づいた丹沢経由の六十七キロメートルの行程は、二十二時間となる。箱根山からの出発を、敵に見つかりやすい昼間を避けて、夕刻(午後五時)に出発すれば、八菅山には二十六日十五時(午後三時)到着となる。途中二、三時間の睡眠や休憩を取っても二十六日の夕方までには八菅山に到着できる計算だ。

3——愛川村人説話とカワラノギク

◉愛川村人説話の謎を解く

愛川村人説話には次のような記述があった。

里人草花を蒐《あつ》め頼朝をその上に坐せしめた

この言葉は秘密を解く暗号のように思われた。

なぜ頼朝を座らせるのに布の敷物ではなく、心を和ます花でもなく、草花だったのか。なぜ里人が頼朝に対して「その上に坐せしめる」という場所の指定や、そこに座らせるという所作を促したのだろうか。つまり里人が、あえて草花を、何のために、どこに敷いたのか、が想像できなかった。

この謎を解決する糸口が『延慶本』にあった。『延慶本』では、頼朝が安房に着こうとするとき、三浦の兵が頼朝の船かどうかを笠印(戦時に敵か味方かを識別する目印)を見つけて確認し、三浦の船からも自らの笠印を示して確認し合う。

このときの頼朝の乗った船の状況と三浦の兵の行動は次のように表現されている。


猶《なほ》用心して、兵衛佐殿は打板《うちいた》の下に隠し奉りて、それが上に殿原なみ居たり。三浦の人々はいつしか心もとなくて、船をぞ押し合わせける。

頼朝は用心して、打ち板の下に隠れていた。打ち板とは、船の船縁に架け渡したもので、普段は座る際に用いる厚手の板である。頼朝がその打ち板の下に隠れていたということは、打ち板と船底の狭い空間に横になって潜んでいたのである。そして船上では、複数の武将(とのばら)が頼朝を護衛していた。三浦の兵たちはもどかしくなって船を近づけたのだ。

『延慶本』の記述は、このあと船を横付けし、三浦方の輪田小大郎(義盛)が頼朝の安否を問うと、頼朝方の船に乗った岡崎義実は我々も知らないので探しているところだと返す。両者が船上で敵か味方か探り合いの会話を続ける。

しばらく両者の会話を聞いていた頼朝は、自らが現れなければ埒《らち》が明かないと思ったのであろう。頼朝は、打ち板を開け、自らが頼朝であることを名乗る。

いたく久しく隠れて、是等に恨みられじとて、「頼朝はここにあるは」とて、打板の下より出で給ひたりければ、三浦の人々是を見奉りて、各《おのおの》悦び泣き共しあひけり。

すでに死んでいると思われた頼朝が打ち板の下から現れたのだから、三浦の兵は死者が棺桶を開けて蘇ったかのような驚きであったであろう。頼朝を見た三浦の兵たちは感涙にむせぶのであった。

頼朝は船に乗ってから相模国を縦断するまでの長時間、敵の目に付かないよう打ち板の下に隠れていたわけである。打ち板の下には狭い空間があり、冷たく硬い木造の船底が露出している。長い船旅のあいだ頼朝が船底に身を置くためには、そこに何らかの敷物が用意されていたはずである。

八菅山の正面には中津川が流れ、河原には砂利や砂地のあちこちに草花が茂っていた。そこで、村人は周辺に茂る草花を集め、船底の一角に敷き詰めた。頼朝が船に乗るとき、村人はその場所に頼朝を案内したのであろう。

頼朝は、その草花の上に座り、時に横たわる状態で船旅をしてきたのだ。

安房へ到着した頼朝が船底から現れたとする史実は、「愛川村人説話」と一体化させることで、頼朝の逃走経路が愛川八菅山から安房につながっていることを物語っている。

◉川に咲く菊への特別な感情

私は頼朝が潜むために船底に敷かれたものは河原に茂る「かわら菊（カワラノギク）」であったと思う。八月下旬は新暦では九月中旬となる。かわら菊の開花は十月末だから、まだ草花の状態である。丈が四十～五十センチほどの草花が大量に集められ、それを頼朝が座る船底に敷き詰めたわけである。

川を下るあいだ、「硬い船底に貴人を座らせておくわけにはいかない」という村人のふとした思いであったのであろう。

しかし、「草花を集め頼朝をその上に座らせしめた」とする村人の行為に対し、頼朝の「その意を嘉《よみ》した（ほめた）」（『皇国地誌残稿』）という反応は何だったのであろう。

『吾妻鏡』には戦乱や政治的な記述が続く中で、めずらしく頼朝が白菊を鑑賞する記述がある。

文治二年（一一八六）九月九日　重陽《ちょうよう》の節供《せっく》を迎え、藤判官代（藤原）邦通が菊の花を献上した。すぐに南県の流れを移して、（菊の花を）北面の壺に植えられると、かぐわしい香りがあたりに漂い、つやのある美しい色が垣内に満ちた。（頼朝は）毎秋必ずこの花を進上するようにと邦通に命じられた。

頼朝は菊の愛好家であったのだ。

平安末期の京の都には、かわら菊の類とおぼしい、川の流れの中に咲く菊の存在を記した歌が広く詠まれていた。

NPO法人愛・ふるさとの初代会長を務めた小島瓔禮氏は、同NPOの会報『かわら菊〈6〉』のなかで菊を歌った代表的な例として、久安・仁平年間(一一四五-五四)ごろの成立という、『和歌《わか》童蒙抄《どうもうしょう》』(著者藤原範景《のりかげ》(一一〇七-六五)に収録の紀貫之《きのつらゆき》の歌を取り上げている。

その歌は「鶴」と題して、

甲斐が峰《ね》の山里見れば芦田鶴《あしたづ》の命を持たる人ぞ住みける

とある。この歌の注釈として引用されているのが「彼国風土記」で、現代語訳すると次のようになる。

甲斐の国の都留の郡に、菊が生えている山がある。その山の谷から流れる水が、菊を洗う。これによって、その水を飲む人は、命が長くて鶴のようである。その国の風土記(甲斐国風土記)に見えている。

この風土記の趣意にしたがえば、甲斐の国の都留の郡には菊の生えている山があり、その山の谷から流れて来る水は山の菊を洗っている。これにより、その水を飲む人は命が長くて鶴のようなのだという。菊を洗う水は長寿の薬なのである。

頼朝は十四年間(一一四七〜六〇)、都の貴族社会で育てられていたため、歌などの素養を積んでいた。『和歌童蒙抄』ができた時期はちょうどその頃であり、幼少期の頼朝の知識に取り込まれていたのではなかろうか。

頼朝は、船底に敷かれた草花が菊だとわかると、これが甲斐国の歌に詠まれた長寿になる菊、つまり武士にとっては武運長久につながる

開花した愛川町田代のカワラノギク

菊であることに気付いた。

「彼国風土記」に記された「つるの郡」の川は甲斐国北都留郡の鶴川であり、鶴川は上野原で桂川(相模川)に合流する。中津川は相模川の支流であり、山を挟んで並行した流れであるために、流域の動植物には類似した種が多い。八菅山の川岸に茂る草花も同種の菊だと思われるのだ。(このかわら菊は、今日カワラノギクと呼ばれ、相模川・中津川など限られた川に生息する絶滅危惧種となっている)

頼朝は早朝、船で八菅山を出発し、中津川、相模川を下った。用心深い頼朝は、多くの時間打ち板の下に潜んでいた。その間、明け方に集められたかわら菊の微かな草露の香りは、船底の暗闇の中で唯一、頼朝に自らの生命の存在を気づかせ、再生への想いを呼び覚ませたことであろう。

◉八菅山の忘れられた日――八月二十八日

八菅山に滞在していた日程を想定すると、愛川の八菅山に到着したのが八月二十六日、八菅山から船で相模川を下るのは、二十八日の未明となる。船が二十七日中に準備できたとしても、日中は人目に付き、夜間の川下りには危険が伴う。出発には早朝未明が理想だからである。

この日程の裏付けとなりそうな資料が『修験集落八菅山』に収録されている。それは同書の八菅山の歴史の章における次のような記述である。

「なお時代は下るが、大峰、熊野などの諸縁起をまとめた『証菩提山等縁起』の奥書に「文亀三年八月二十八日於大峰、相州府中慶蔵坊盛厳」との記載がある。(中略)府中のあった海老名の地は近世期にも八菅詣での講があって現在も八菅山信仰がみられるところである。とすると、府中に住み、政治力を持った修験者が、当時八菅山と関係を持っていたことは充分推測しうるのである。」

大峰は奈良県吉野郡にある修験道の発祥の地である。その地を相州府中(海老名)の僧が文亀三年(一五〇三)八月二十八日に訪れている。

私はこの日にちに注目する。

八月二十八日に祈願した意図は記録されていない。しかし、頼朝が石橋山の戦いのあと八菅山を訪れ、八菅山の僧の助けで船を調達し相模の国を脱出できたとすれば、この八月二十八日は頼朝の復活と八菅山の再興を祀る縁日となる。海老名の僧は、この縁起を承知したうえで奈良にある修験の地大峰への訪問日程を計画したのではなかろうか。

『修験集落八菅山』によると、大峰を訪れた慶蔵坊盛厳は法名の継承の伝統からみて、応永二十六年(一四一九)に鎌倉公方足利持氏の外護を得て成立した「再興勧進帳」の勧進主(光勝寺の)盛誉《せいよ》の法脈を継ぐ僧とみる。よって、盛厳も石橋山合戦後に頼朝の命令で八菅山が再建された経緯を知っていたと思う。

しかし盛厳の大峰詣でからわずか二年後の永正二年(一五〇五)、八菅山光勝寺は兵火のため再び荒廃している。頼朝と八菅山との関係を示す史料は大火とともに消失し、日付のみがわかる『証菩提山等縁起』の奥書と、地元の口伝だけが残されたのである。

4――相模川を下り江ノ島、安房へ

◉相模川の川下りと河口

頼朝が、八菅山で船に乗り、相模湾に出るのに要した時間はどの程度であっただろうか。

相模原情報発信基地(相模原市の情報サイト)の「相模川を利用した水運」によると、相模川は、相模ダムと城山ダムが完成する以前は水量が多く、鎌倉の寺院造営や小田原城設営などの際、津久井城付近から木材を伐り出して、平塚(須賀)まで相模川を下って運搬したことが複数の文献から明らかだという。また、高瀬舟や平田舟を利用して、荒川地区(現在の津久井湖の湖底)を出ると河口の須賀(平塚)までは、四時間ほどで着いたという。

津久井湖と平塚の距離は、約三十キロメートル、愛川の八菅神社から平塚までは約二十一キロメートルほどである。そこで頼朝が八菅山から平塚の相模灘に出るまでの所要時間は三時間ほどであったと推定される。

移動手段が人馬しかなかった時代に川下りは最も早く移動でき、かつ敵に見つかりにくい移動手段であった。

頼朝の船は相模川河口から相模湾に出る。

石橋山の合戦で真鶴から逃れていれば、ここまでは三十キロメートルにも満たないが、頼朝は百二十キロメートルもの行程を経て相模湾に出たことになる。頼朝が「石橋山の危機を乗り越えた」と安堵を感じた瞬間があったとすれば相模川を下り切り、相模湾の大海原を見た瞬間であったであろう。海上に出れば敵に見つかる心配もない。暗い船底に身を潜めた頼朝は打ち板を開き、カモメが飛ぶ大空と太陽と青々とした大海を見渡し、潮風に向かって深く息をした。

頼朝に生気がよみがえった瞬間であった。

しかし、頼朝の行く末を考えてみると相模川が大海原に注ぎ込むこの地点は、なんと因縁の地であることか。

石橋山の戦いの折、頼朝が相模川を船で下ってから十八年後のこととなるが、頼朝はこの地点で謎の死を遂げている。源頼朝の重鎮稲毛重成が亡き妻（政子の妹）の供養のために相模川に橋を架け、その落成記念が建久九年（一一九八）十二月二十七日に行われたときの事である。頼朝は式典に参列するが、その帰り道に落馬し、翌年の一月十三日に亡くなっている。その死因については諸説あるが、いまだに歴史のミステリーとなっている。

◉相模湾の海流

いま頼朝は相模川を下り切り、相模湾に出たところである。

川を下ってきた船は、相模湾から安房に向けて、海を渡ることはできるのだろうか。海を渡ることの難点は川のように流れがないことだ。

もちろん船に帆があれば風の力で目的地に向かうことができる。八菅山で調達した頼朝の船が熊野船だったとすれば、櫂《かい》（オール）も付いていたであろう。そして忘れてならないことは、海には海流があるということだ。相模湾の海流はどのようになっているのだろう。

「鵠沼を巡る千一話」のウェブサイトで「鵠沼を語る会」の渡部瞭氏は、相模湾の沿岸流について、「西半分では反時計回りだが、東半分では時計回り」だという。

その理由は、相模湾の海底地形と水深が、西半分と東半分とでは著しく異なる点だ。東半分にあたる湘南海岸から三浦半島西岸にかけては、狭いながらも陸棚（浅い平坦な海底）となっているのに対し、西半分、特に小田原市国府津《こうづ》以西は、いわゆるドン深で、いきなり千三百メートルの相模舟状海盆まで沈み込んでいる。相模湾に押し寄せる日本海流の一部は、東半分にある陸棚の壁に沿って北上し、相模川が形成した相模海底谷めがけて進んでくる。そして、相模川河口付近で東西に分かれるという。

相模川から相模湾に出た頼朝の船は江ノ島に向かうことになるが、この辺りの海流は東方向に流れるので、沿岸流に乗って江ノ島を目指せたはずである。

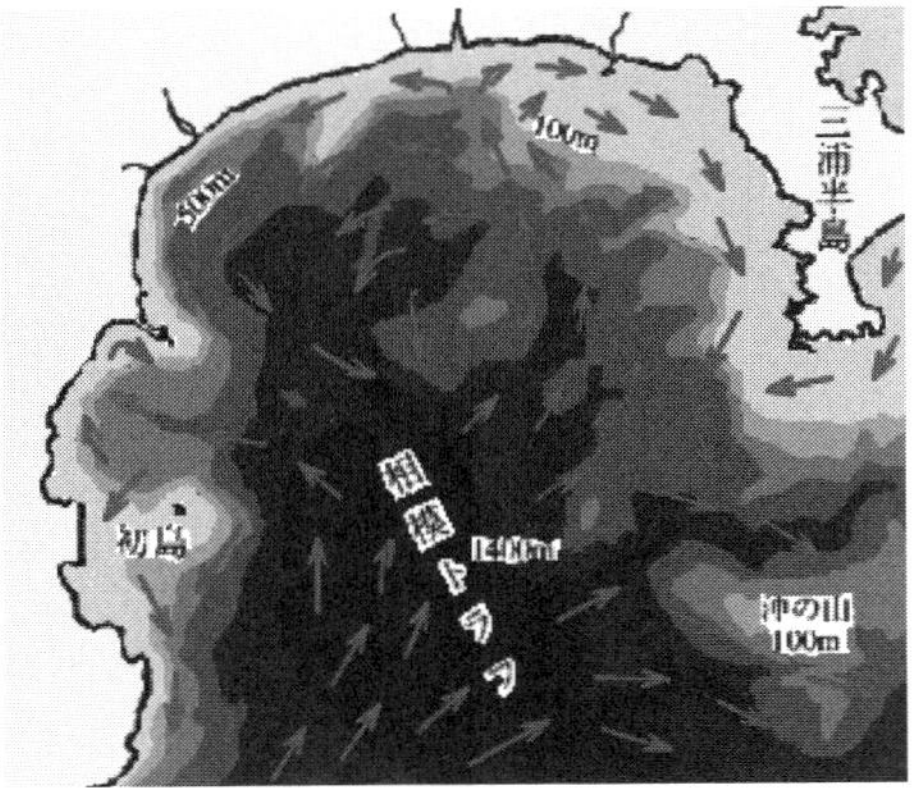

相模湾の海流（「鵠沼を巡る千一話」第20話より）

この流れは頼朝の時代にも同じであったのかという疑問には、当時の相模川の湾口が東方向を向いていたという茅ヶ崎の八〇〇年前の橋桁の史跡(本章7で解説)から説明できるだろう。

一方、真鶴から出航した土肥実平らの船は、江ノ島に向かうにしても、安房に向かうにしても、沿岸近くを航行すると海流と逆らうことになるので、まず沖合に出てから目的地を目指したのだろう。

頼朝が江ノ島に到着したのはいつか。二十八日の早朝に愛川八菅山を出発したとする。相模川から相模湾に出るまでが三時間、そこから江ノ島まで小一時間を見込んでも二十八日の午前には江ノ島に到着する。

一方の実平たちは、いつ江ノ島に到着したのだろうか。

頼朝が八菅山に到着し、船の調達のメドが立つのは、二十六日の午後である。永実は、その日のうちに土肥実平が待機する土肥山中(しとどの岩屋)に向かう。帰路のルートは、丹沢ルートであろう。修験者の健脚を活かし丹沢の尾根を走れば、翌日(二十七日)には実平の潜伏地にたどり着く。すると、実平の真鶴からの出航は二十八日早朝となる。

実平は頼朝より遅れて二十八日の午後、江ノ島に到着し、翌日の頼朝との安房への渡航に備えたのである。

◉安房への到着――江ノ島を振り向くと弁財天が現れた

『吾妻鏡』によれば頼朝は二十九日、実平と安房国に到着し、その前に到着していた北条時政らが頼朝を出迎えている。頼朝は江ノ島に集まった武士を一陣、二陣に分けて出発させていたわけである。

二手に分れた武将たちの構成を想定すると、先に到着していたのは北条時政の一団であった。この船団に乗った者は時政・義時父子のほか、同じ伊豆国に地盤を持ち、『吾妻鏡』でも時政と共に頼朝より先に真鶴から船出した記述を残す近藤七国平らであろう。

また二陣には、ここまで乗ってきた熊野船を用意して、頼朝のほか、藤九郎(安達)盛長、土肥実平、岡崎四郎義実、新開荒次郎、土屋三郎宗遠らの土肥の一族が乗ったと想定する。七騎落の伝説は、安房到着時に安房にいた兵士たちの目撃談から生まれたものであろう。

安房国への到着地点は、『吾妻鏡』では「猟島」で、現千葉県安房郡鋸南町勝山の龍島とされ、海岸に「源頼朝の上陸地」の石碑が立っている。『延慶本』の到着地点は「龍が礒」とされるが、これは「猟島」と同一地点であろう。一方『源平盛衰記』や『義経記』の伝える到着地点は「洲ノ崎」で、現館山市洲崎、房総半島のほぼ南端にあたる。

房総には、猟島到着後の行動に絡めて頼朝伝説が各地に残る。『房総の頼朝伝説〈7〉』では、百十六編の伝説が収められているが、ここで注目されるのは小浦の弁財天の伝説である。

小浦の弁財天は、猟島からは五キロメートルほど南になるが、次のような紹介がされている。

「頼朝がこの地を通過する際、池で手を洗い、海上遥か江ノ島を眺めると、神霊が現れたので、弁天社を建立し、池を影向池《ようごういけ》と称したという。影向とは、神仏が仮の姿をもって現れること。また神仏の来臨のこと。」(傍線は筆者)

小浦の弁財天

奇妙なことに、この地点から江ノ島方向を眺めても、三浦半島があいだに入るため見ることはできない。実際に見えない江ノ島をどのようにしてみたのだろうか。

頼朝は江ノ島で集結し、これから向かう安房までの安全を水神である弁財天に祈った。それにより、安房に到着した頼朝の視線の先には江ノ島が現われ、弁財天が降臨したのであろう。

龍女とされる弁財天は人々を救うために、機に応じて、所に随って様々に変化する観世音菩薩の応変であるという信仰もある〈8〉。頼朝がしとどの岩屋で取り出した正観音像は、川や海を利用した石橋山からの逃走を擁護するため、弁財天となって頼朝の安全を見守っていたのであろう。

私が小浦の弁財天を訪れたのは四月の「頼朝さくらまつり」（千葉県鋸南町）でにぎわう季節であった。かすみで対岸の三浦半島は見えなかったが、弁財天の地からは海がすぐ前に見える。社殿の後方は、水深一メートル、奥行き数百メートルという洞穴となっていて、その洞が影向池と呼ばれている。この洞の上に降り注ぐ岩肌は、龍女が降臨する回廊のようであった。

5――頼朝の逃走経路と想定される日程

『吾妻鏡』が封印していた石橋山から安房までの通過地点と日程を再現してみよう。安房猟島への到着日を八月二十九日と設定すると、「愛川・頼朝来訪仮説」にもとづく行程は、一日の過不足もなく期間内に収まる。

《八月二十三日》

早朝には、頼朝方と平家の大庭景親側がそれぞれ陣を構えていた。黄昏《たそがれ》時になり大庭方が頼朝側に襲いかかり戦が始まる。頼朝は土肥山中への退却を余儀なくされた。

《二十四日》

頼朝は、土肥山中の杉山からその後方にある峯に逃れる。そこには、事前に退却地点の一つに定めた小道地蔵堂があり、頼朝はそこに集まった部下に対して解散を伝えた。そこから土肥実平ら数名となった頼朝は、小道地蔵堂の上人純海の案内でしとどの岩屋にたどり着く。

夜になって箱根山の僧永実に案内された北条時政父子が到着し、一同に食事が提供された。頼朝はその夜のうちに時政父子を伴って箱根山（永実の宅）に避難する。一方、土肥実平は、頼朝の甲斐方面からの脱出を支援するために、土肥の岩屋に留まった。

箱根山の別当行実は、頼朝の逃走先を確保するために、源為義、源義朝の下文を準備した。

《二十五日》

箱根山にも大庭の兵が押し寄せるという知らせがあり、頼朝は箱根権現の僧坊を出る。

北条時政は、加藤光員・景廉兄弟と共に、波志太山の戦いに勝ったばかりの甲斐源氏と接触する。そこで馬を調達した時政は、箱根権現周辺に待つ頼朝の元に戻り、永実らとともに箱根山を脱出する。頼朝一行は

頼朝の逃走経路と想定日程

富士東麓の若彦路を抜け、山伏峠を越え、道志村に入る。白井平にたどり着いたのは、真夜中であった。そこで一行は村人の家を一夜の宿とする。

《二十六日》

早朝、道志村の白井平を後にした頼朝一行は、長い道志みちを抜け、青野原、宮ヶ瀬、愛川半原を経由して八菅山に至る。到着は二十六日の午後となる。源為義の下文を受けた八菅山の僧たちは、総力を尽くし船の調達や身辺警護を始めた。

船の調達目途がたつと、頼朝は江ノ島での集合を伝えるため、僧永実を、しとどの岩屋で待機する土肥実平の元に向かわせた。

《二十七日》

八菅山が用意した船は、熊野山嶺の愛甲荘が紀伊の熊野本宮との間を行き来するために保有する船であった。停泊地は相模川の厚木近辺ないしは愛川の六倉であったが、八菅山別当の指示で船は二十七日中に陸路で中津川の八菅山付近の船泊りに運ばれた。

頼朝にとって、この日は閑日であった。蛇形山で最も高い館山に登り、相模平野の地形や遙か先に見える房総安房をうかがった。二十六日から二十八日にかけての頼朝滞在の記憶が村民の「愛川頼朝説話」や「九十九谷戸伝説（愛川幕府伝説）」を生んだ。

《二十八日》

早朝、頼朝一行は八菅山を出発した。中津川から川を下った頼朝一行は、三時間ほどで相模川を下り切り、正午前には余裕を持って江ノ島に到着した。一方、土肥実平が頼朝から指示を受けて江ノ島に到着したのはこの日の午後であった。この日頼朝は、江ノ島の洞窟で土肥実平らと翌日の安房への上陸に備えた。

北条時政、義時父子は、安房上陸地の安全を確保するため、この日のうちに安房に向けて出発した。

《二十九日》

朝、江ノ島を出発した頼朝一行は、安房国猟島に到着した。三浦半島から房総安房を結ぶ浦賀水道は、かつて走水海《はしりみずのうみ》と呼ばれ潮の干満で急流が生じた。東海沿岸の海流を知り尽くした熊野船の船頭たちは潮の流れが止まる「潮ざかい」前後の静かな海を渡ったのであろう。

猟島では、一足先に出発した北条時政たちが頼朝を迎えた。

6——石橋山追想

◉石橋山の由来と地形

そもそも石橋山の地名には、どのような由来があるのだろうか。

『石橋山合戦前後〈9〉』で中野氏は、石橋山を次のように解説する。

「『新編相模風土記稿』石橋村の条に『石橋山。西山（石橋村の西方の山の意）の総名なり。字堀込、サガ、文蔵土、又は丸塚山、一ッ石山、高曾根山、聖岳の名あり。』と記してあって、熱海街道沿いの断崖の上の丘陵から、聖岳（七百三十八メートル）に至る相当広範な山地を称するものであったらしいが、現在は、その国道に近く迫っている丘陵が、合戦の主戦場であったので、この小地域を一般には石橋山と称している。」

石橋山合戦の戦場は現在、戦場の海岸寄りにJR東海道線のトンネル出入り口があり地形が削られ、さらにその海側を走る国道により海岸線が埋め立てられている。地元で石橋の由来を聞くと、この地の海岸線は以前岩が露出していて、海側から見ると海岸線からせりあがる崖が石橋を架けたような光景であったという。まさに、『延慶本』で、佐奈田与一が戦った場面で、「上になり下になり、山のそはを下りに、大道まで三段計りぞころびたる。今一返しも返したならば、海へ入りてまし。」という表現がぴったりの地であったのだ。

◉頼朝の運命を象徴した「しゃっきょう」

石橋は「しゃっきょう」と言われ、文学や謡曲

石橋山合戦場

に登場する。

『曽我物語《そがものがたり》』（十四世紀成立）には、有名な頼朝の夢合わせの話の中で妻の北条政子が不思議な霊夢をみる場面がある。

伊豆山権現に御籠《おこもり》をしていた政子が、権現の宝殿から中国伝来の大きな鏡をもらい、袂《たもと》におさめ石橋《しゃっきょう》を下ろうとしたところ、あまりにも不思議だったので鏡の箱を開いてみると、日本六十余州がすべて鏡に映る。頼朝に向かって「権現からこのように素晴らしい宝を頂戴しました」と伝えると、「鏡は女性のためのものですから、頼朝が関わることではありません」といわれ、二人いっしょに石橋に向かい、坂を下る夢を見たという。

この場合の石橋（しゃっきょう）とは、日本国統一に向けた架け橋と見立てたものであろう。

日本の伝統芸能である能には『しゃっきょう（石橋）』という演目がある（作者不詳）。謡曲『石橋』〈10〉からあらすじを紹介しよう。

中国の仏跡を旅する寂昭法師は清涼山に至る。その前には石橋《しゃっきょう》があったので、しばらく人を待ってこの橋を渡るかどうか尋ねようとした。

すると薪を背負ったひとりの童子(又は老人)が思いにふけりながら山道を降りて来る。寂昭法師はその童子に問い、石橋の向こうが文殊菩薩の浄土と知り、渡ろうとする。すると童子は、「その昔、高名な僧たちは難行・苦行・捨身の修行で年月を過ごし、この橋を渡られたのに、た易く渡ろうとは危ないことよ」と寂昭を戒める。

普通の仏道修行者には簡単には渡れない橋のようだ。滝は雲から落ちてきて数千丈、滝壺までは霧が深くて、身の毛もよだつほどだ。険しくそびえ立った岩石に掛かった石の橋は、苔で滑って足場もない。下は泥梨《ないり》(地獄)のように深い白波の立つ谷川で、まるで空中を渡るかのようだ。生半可な修行者では、渡ることなど、まったく思い寄らないことである。石橋というのは、人間が渡した橋ではない。自ずと出現して、有り続ける石の橋であるので、石橋と名付けたのである。

能の古称は猿楽《さるがく》といわれた。その猿楽の歴史は古く、平安・鎌倉時代に栄えた芸能である。作者不詳作品の多い猿楽や能の世界は、民衆世界の知識や経験、また信仰に支えられて制作された作品が少なくないという。

そこで私は、謡曲『石橋《しゃっきょう》』が民衆の平家物語や石橋山合戦の知識を背景に、文殊菩薩信仰の奥深さが語られた演目だったのではないかと想像する。民衆は、観音菩薩や弁財天の加護を得ようとする頼朝を寂昭法師に見立てることで想像の世界を拡げ、鑑賞を楽しんだのではないだろうか。

謡曲『石橋』を研究する雨宮久美氏は、謡曲『石橋』の創作意図を「俗なるものと聖なるものとの相互交渉、その境界を超越し聖性へと飛翔せんとする求道心という劇的な構造が『石橋』の主題である」という。そして「二つの相対立する世界を結びつける象徴として橋がある」と解く〈11〉。

伊豆山で二〇年にわたり求道僧のごとく神仏に帰依していた頼朝にとって、源氏棟梁への転身は、聖なる者への変化ではなく、聖から俗へと別人に生まれ変わる劇的な瞬間であった。したがって、石橋という橋は頼朝にとっても二つの対立する世界を結びつける象徴的な架け橋であった。

◉佐奈田与一を悼《いた》む頼朝

石橋山(現 神奈川県小田原市)には佐奈田与一《さなだよいち》義忠(『吾妻鏡』では佐那田余一義忠、『延慶本』では佐奈多与一義忠)を祀った佐奈田霊社がある。私は当時の石橋山の光景を見たいと思い、旧暦の八月二十四日に当たる九月十五日に当霊社と与一の家臣文三家康を祀る「文三堂」を訪れた。

佐奈田霊社は急な石段を上ったところにあり、その正面に与一塚がある。その境内には個人や企業からの奉納により多くの石碑が建立されており、今日まで多くの参拝者が訪れていることがうかがわれる。咳や声に霊験があるとされ芸能関係者も数多く参拝しているという。

与一塚の横には小さなお堂があり、当日も朝から僧侶が長い読経を捧げていた。境内の木立の隙間からは海も見下ろせる。境内は海風とさわやかな秋の気配が漂い、八百年に及ぶ歴史の時空が私を包んでくれた。

この与一塚に、頼朝は毎年、年頭行事として訪れていたようである。

建久元年(一一九〇)正月の『吾妻鏡』には、

佐奈田与一の塚と佐奈田霊社の境内

次のような記述がある。

正月二十日、晩になって(頼朝は)二所詣から鎌倉に戻られた。今後の御参詣では、まず三島・箱根に奉幣《ほうべい》され、伊豆山から下向される、とこのたび定められた。日ごろはまず伊豆権現に参られていたが、途中の石橋山で、佐奈田与一(義忠)、豊三(家康)らの墳墓《ふんぼ》をご覧になり、涙を流された。この両人は治承合戦の時に御敵によって命を奪われたのだが、今改めて悲しみが思い出されたためである。このことは(神社への)御参詣の筋道にあっては、特に憚《はばか》られるべきである、と先達が申したので、このようになったという。

頼朝は文治四年(一一八八)から、伊豆山(走湯山)→三島社→箱根山という経路で二所詣でを始めていた(二所とは走湯山と箱根山を指す)。だがこの経路だと最初に佐奈田与一の墳墓から参拝することになる。頼朝に命を捧げた与一に深い悲しみを感じつつ二所詣を続けていたのであろう。それを知った先達が、今後の二所詣では、箱根山→三島社→伊豆山と回る経路に変更し、最後に与一の墓を参拝することを勧めたのだという。頼朝の与一を悼《いた》んだ落涙は、二所詣での参詣の経路まで変えるものだったのだ。

頼朝の佐奈田与一への特別な気遣いは、合戦直後の家族への対応でも分かる。与一の母や幼い息子らは、合戦後も与一の所領にいた。そこで頼朝は景親らが殺害を企てるのではないかと心配し、身の安全を守るため下総国に送り届けるよう命じている(『吾妻鏡』九月二十九日)。

石橋山の戦いの終盤、頼朝は「一同揃って戦い抜きましょう」と戦いを続けることを主張する兵たちを説き伏せ、兵を早々に解散させることを決めた。そして頼朝は、鎧を脱ぎ戦場を後にした。

与一の初戦がなければ頼朝は、以仁王の令旨に応える東国での旗揚げができなかった。一方で石橋山の戦いは、被害を最小限にして三浦や房総の勢力と合流しなければならない戦いでもあった。だから与一の死は決して無駄ではない。こう確信しながらも、頼朝には佐奈田与一に対する慚愧《ざんき》の念が消えることはなかったのであろう。

頼朝にとって石橋は、戦士の犠牲と総大将としての使命が相克し、身の引き裂かれる苦しみが始まる最初の戦いの地であった。

7——相模川河口の橋と頼朝の死

◉頼朝の死因

石橋山から安房までの逃走経路には、後に頼朝が亡くなったとされる相模川の河口がある。頼朝は建久九年(一一九八)十二月二十七日、そこに架けられた橋の落成記念に参列し、そこで何らかの事故が起きたことが原因で、命を落としている。この地における頼朝の死には、石橋山から脱出した当時の記憶が何らかの形で関わっていないだろうか。

藤沢市が発刊する広報誌「文書館だより文庫《ふみくら》」〈12〉には源頼朝の死をめぐる記事が網羅的に掲載されているので、そこから頼朝の死因説をあげてみよう。

まずは『吾妻鏡』が頼朝の死後十三年経った建暦二年(一二一二)二月二十八日の記述である。

去る建久九年、稲毛重成がこの橋を新造して落成供養が行われた折、故将軍家(頼朝)も出席されたが、その帰路に落馬され、それからしばらくして死去された。

この記述が今日通説となっている頼朝「落馬」説の根拠となっている。

次に『猪熊関白記《いのくまかんぱくき》』第三巻の建久十年(一一九九)正月の記述は次のようである。

十八日　前右大将頼朝卿依飲水重病、去十一日出家之由世以風聞
二十日　前右大将頼朝去十三日早世云々

ここに書かれた「飲水の重病」には、今の糖尿病であったとする解釈もあるという。

さらには、怨霊原因説もある。江戸時代に書かれたと思われる「盛長私記」(早稲田大学図書館蔵)には、

橋供養の最中、亡霊が多く出現し、驚いた馬から落馬した。


とある。

これらの史料に基づいてまとめられた『国史大辞典』(吉川弘文館)では、「『吾妻鏡』その他の比

較的信頼できる史料によれば、頼朝は、稲毛重成の亡妻(政子の妹)の追福のため相模川に架橋したとき、その落成供養に出席した帰路、何らかの原因で落馬したのが死因とされている。」と記され、落馬が死因と関係していることはほぼ一致している。

だが「文庫」が取り上げる資料を見る限り、頼朝死因のキーワードには、落馬、飲水、亡霊などがあげられていて、落馬に至る経緯や落馬してから死に至るまでの状況については諸説あり依然、原因は解明されていない。相模川を下って安房に向かった説をとる本書は、頼朝の行動に怨霊説以外の精神的な要素を想定してみたくなるのである。

◉八百年前の橋脚の出現と補陀落渡海

そのとき頼朝が渡った橋が、一九二三年の関東大震災によって発生した液状化現象により、突如茅ヶ崎の田圃《たんぼ》に出現した。

八百年前の橋脚《きょうきゃく》はいま茅ヶ崎市の指定史跡となり、現地には複製の太い木が当時そのまま地上に突き出した状態で見られる(出土した実物は腐朽しないよう地下に保存されている)。

この橋で注目されることは、鎌倉時代の相模川の流れは現在よりも約一・五キロメートル東岸にあったことだ。出現した橋脚十本の配置から、橋は北東から南西方向に架けられていていた。つまり相模川の流れは出口付近から流れに沿って左方向に（東方向に）向きを変えていた。橋の長さは、約四十メートル以上の立派なものであったとされる。また橋脚の並びから橋の幅は九メートル以上と推定されている（茅ヶ崎市ホームページ）。

実際に現地に行き橋脚（複製）の杭を見ながら橋の横幅の長さを感じてみると、想像以上に幅があることに驚く。国土交通省で定めた幹線的な市町村道の基準（「道路の標準幅員に関する基準」D地域）は九メートルと定められていることからも、この橋が今日の幹線道にも匹敵する立派なものであったことがわかる。

私はこの橋脚から、頼朝の死因のキーワードが落馬、飲水、亡霊であることを思い出した。そして、頼朝死亡の原因はこの橋に隠されているのではない

出現時の様子（現地での説明ボードより）

かと考えた。

そこで、この橋の上に立った時に頼朝の脳裏に浮かび、そこで頼朝がとったと想定される行動の一部始終を想い描いてみよう。

たぶん、落成供養であれば渡り初めは歩いて渡り、帰りは馬に乗り橋を渡ったであろう。帰路の時である。鎌倉に戻るため東に向かう頼朝が橋の上から相模川の上流方向を眺めると、橋自体の高さに馬に乗った高さが加わり、橋の左側(北西方向)には間近に八菅山(蛇形山)の山並みが見えた。頼朝は、十八年前に相模川を下った時に自らが乗った船を相模川の流れの中に思い浮かべたと思う。

頼朝が、相模川の上流を眺めるため、馬を左側の欄干《らんかん》(橋の柵)近くまで寄せてゆったりと馬を歩かせているときであった。川面に現《うつつ》とも幻《まぼろし》ともつかぬ一艘の舟が浮かび、上流から流れに任せて下り来て、いま、橋の下に消えようとしている。頼朝はこの舟の行方を追ってみたい衝動に駆られ、急いで橋の右側に移動しようとした。川下を見ようと馬を制御するためには、右手の手綱を引いて鐙《あぶみ》で馬の腹を蹴り、一気に九メートルほどの微妙な橋幅を横切って川下側の欄干から下を見下ろす所作が必要となる。頼朝は相模湾に注ぎ込む相模川を左下に見るか右下に見るか、一瞬、馬体の操作に迷う。
橋の落成式が午前であれば、頼朝が橋の上で九十度向きを変えた瞬間、馬の正面には太陽が輝き、重ねて海面からの反射光が頼朝と馬の眼孔に鋭く射し込んだことだろう。馬は目が眩《くら》み勢い余って橋桁を越え、馬もろとも相模川に落下した……。

頼朝が橋の上から見つけた相模川に浮かぶ幻覚の舟は、補陀落船だったのではないか。石橋山からの逃走の折、八菅山から乗った船は熊野船であり、頼朝は暗い船底にいた。その闇の中で頼朝は、自分が補陀落渡海《ふだらくとかい》をしているのではないかという錯覚に陥ってもおかしくない。

十八年後、頼朝はその幻影の舟を見て、今その舟に乗るべき時が来たと思ったのだ。

フダラクとは、古代インドの文語(梵語《ぼんご》)「Potalaka」(ポータラカ)の音写であり、観音菩薩が住む浄土の世界である。そして、補陀落渡海とは、南方海上にあると想像された補陀落世界に往生を願い、真の観音浄土を目指して船出する宗教的な実践行であったという。

『観音浄土に船出した人々[13]』を著した根井浄氏は、同書の中で、補陀落渡海は、平安時代の九世紀半ばを嚆矢《こうし》とし、その後、中世に入って戦国時代の十六世紀に隆盛を迎えたとする。そして、補陀落渡海の時代背景と人々の意識を次のように表現している。

補陀落渡海は日本特有の宗教現象であったという。(中略)観音信仰の完結者として補陀落渡海を試みた人びとは、むしろ捨て身の行為の中に強い「生」への動機と意識を持っていた。彼らが乗った屋形船は、周囲が釘で打ち付けられた脱出不可能な空間であり、日輪・月輪の微少の光さえ遮断された暗黒の箱である。足も自由に伸ばせないまま「渡海人」は膝を両手で抱え込んで身体を丸め、まるで赤ん坊が母親の胎内にいるような格好であったであろう。でもその型は、やがて母親の体内から飛び出すような「生」を表徴するものであった。

鎌倉の材木座には、養和元年(一一八一)創建といわれる補陀落寺がある。開山は文覚上人で、開基は源頼朝である。それゆえ石橋山合戦の直後から、頼朝が補陀落渡海を意識していたことは、この寺の創建から考えても間違いあるまい。

今日、相模川の平塚と茅ケ崎間に架かる橋は、馬入橋といわれ、その名称は「源頼朝が橋の渡り初めに招かれた時に馬から振り落とされ、川に落ちたという俗説に結びつけられているようである」(神奈川県ホームページ「神奈川の橋100選」)と解説されている。

頼朝が落馬して川に落ちた説は、今では「俗説」とされている。だが、相模川を下ってきた幻の補陀落船を追って川下の相模湾を眺めると、そこにはまばゆい日輪が頼朝を吸い込もうとしていた。相模川を船で下った頼朝の記憶を頼朝の死と重ね合わせると、頼朝が川に落ちたあと、混沌とした意識の中で見ていたものは怨霊ではなく、戦《いくさ》や争いのない世を拓こうとする「次なる生」だったのではなかろうか。

頼朝は観音菩薩の浄土に向かったのである。

追録――頼朝を支援した村人たち

頼朝が石橋山から安房の猟島に至るまでの間に、名字(苗字)を与えたとする説話を列挙すると別表の通りであった。

当時から庶民のあいだに名字がつけられる習慣はあったのだろうか。簡単に名字の歴史を振り返ると、その始まりは日本の「家」の形成時期に対応しているようだ。五味文彦氏は「中世社会の始まり」〈14〉のなかで「鎌倉後期になると、家の形成は村々の百姓の世界にまで及ぶようになって、家の観念は広く社会に定着していくようになった」という。石橋山の戦いという平安末期の時代には各地に開発領主が生まれており、そこの家人も自分の住む土地を名字として名乗ったり、恩賞として主人から名字を賜ることも起こり始めたのであろう。

しかし江戸時代になると幕府の政策で、武士、公家以外は原則として名字（苗字）を名乗ることが許されなくなった。しかし家の在り方は江戸の時代にも継続し、先祖伝来の名字が受け継がれる場合もあった。そうした苗字は寺の過去帳や農村の古文書で確認することもできた。

日本国民の全員が公的に名字を持つことになったのは、明治八年（一八七五）に「平民苗字必称義務令」が決められてからのことである。明治になって名字を届ける場合には、自分で名字を創作して名乗ることもあったが、先祖伝来の名字を復活した家も多かったという。

ここでは石橋山からの逃走時に頼朝から授かったという名字を一覧にしてみた。

各名字には、電話帳データベースに基づく世帯件数と地域分布を載せた。基礎となるのは電話帳であり、住民基本台帳の世帯数と比較すると、四十三％程度の記載率であることに留意する必要がある。

世帯数が多い名字については、頼朝の命名以外の由来も考えられる。また地域分布は、頼朝が与えたという地域に名字分布が対応しているかどうかを確認するために入れた。頼朝の命名を起源と考えれば頼朝の逃走経路上に分布している可能性が強いし、他の地域に広がっていれば八百年間における子孫の移動の推移としてとらえることもできるだろう。

頼朝の逃走経路沿いには、頼朝から名字や恩賞を与えられたという説話が多い。それらの個々の説話が事実であったのか、村人の創作であったのかは今となっては確認のし様はない。しかし、逃走のなかで頼朝は、多くの村人と接触し村人から様々な支援や応援を受けていたことは想像できる。落武者状態の頼朝にとって名字は、支援者に対して提供できる唯一の恩賞であった。

頼朝には一般に冷酷なイメージが漂うが、ここには多くの庶民が頼朝を慕い、頼朝はそれに対し報恩の念を忘れず礼を尽くす姿勢がみられる。そこから見えてくるのは、源氏棟梁でありながら高慢さがなく、誰にでも開放的かつ律儀な頼朝像なのである。

石橋山からの逃走時に頼朝から授かった名字

場所	名字	名字を与えられた理由	世帯件数*	地域分布（件）
真鶴	青木	この三旧家は、真鶴の岩屋に隠れた頼朝らに食事を運んだりした。その功によって頼朝から名字を与えられた。（真鶴町史　通史編　平成7年）	59516件	神奈川5728 東京5180
	五味		3625件	長野1104 山梨703
	御守		58件	神奈川36 静岡11
道志	水越	頼朝が御正体山頂に一夜の仮宿を採られた時、水を汲んで献納した。この労により姓、茶釜・掛物一軸を与えられた。（「道志七里」　昭和28年）	2367件	茨城307 愛知304 東京302 山梨230
愛川	花上	石橋山に敗れ愛川の山(屋形山)に潜んだ時、草花を集めその上に座らせた。その意を褒め姓(氏)を贈った。	238件	神奈川158 （厚木77／ 愛川26／ 東京40）
	荻田	同じく屋形山に頼朝潜伏の折、屋形山の北口を守ったものに荻田という姓(氏)を贈った。	1289件	香川150 大阪133 静岡140 神奈川102
	奈留井（成井）	同じく屋形山に頼朝潜伏の折、山木を伐って柵を作ったものに奈留井（成井）の姓(氏)を贈った。	483件	神奈川162 （愛川42／ 相模原21） 茨城107
安房	左右加	安房上陸後、頼朝が落ち着いた竜島村社（神明神社）の神主が、多くの兵が左右から加わるよう祈願したお礼に左右加（そうか）姓を賜った。	1件	愛知県1
	馬賀	この地で名馬を頼朝に献じた時に賜った姓。馬賀（まが）家は、鶴ヶ峰神社（江月村の鎮守）の神主を勤めていた。	7件	神奈川6 千葉1
	源	洲崎から野島崎まで船を出してくれた漁師に、お礼として源の姓を与えた。	918件	大阪114 石川104
	中ノ間（中間）	頼朝が大高尾を通りかかったとき、六兵衛という農民が飯を炊きもてなした。そのお礼に姓と周辺の土地を与えた。	1423件	鹿児島582 大阪103

場所	名字	名字を与えられた理由	世帯件数*	地域分布（件）
安房	頼朝が与えた竜島の七姓	生貝（いけがい）（頼朝に貝を献じた）	64件	千葉35
		鰭崎（ひれさき）（頼朝にエイを献じた）	19件	千葉6 神奈川5 東京5
		松山（家に小松生い茂る者）	13372件	大阪1037 鹿児島998
		柴本	468件	長野86 静岡61
		菊間	356件	千葉77 静岡75
		中山	50575件	東京3172 神奈川2945
		久保田	28680件	長野2305 静岡2294
	頼朝が船頭に与えた姓	艫居（ともい）	22件	千葉14件
		間（はざま）	869件	新潟159 大阪67
		渡（わたり）	1165件	鹿児島140 福岡116
	嬉賀	頼朝が崖の観音の下（丸山）辺りで休憩した時、団子屋の主人が団子を献上したところ、「うまい団子を食べさせてもらい、うれしかったぞ」と言ったことから、団子屋は、以降、嬉賀（うれしが）という姓を名乗った。	4件	千葉3

＊愛川の名字の由来は「愛川町郷土史」昭和57年、安房の名字の由来は笹生浩樹著「房総の頼朝伝説」による。＊世帯件数は電話帳への記載件数。2007年までに電話帳に掲載された総件数は2338万件のため、電話帳に記載された総件数は、住民基本台帳の世帯数（2011年度の世帯数は5378万世帯）と比較すると43％ほどの記載率であることに留意が必要である。＊また世帯の平均人数は2.49人（2014年厚生労働省）であるため、人口ベースの概算ではその数をかけ合わせる必要がある。＊地域分布の数字は、現在の姓ごとの分布を調べることで、それぞれの姓の草分け（発生源）が推定できると思われるからである。＊名字の件数については日本ソフト販売（株）調べ（2007年10月までに発刊された公開されている電話帳の情報）

引用文献一覧

【第一章】

〈1〉——小島瓔禮「中津川が結ぶ文化」『やまゆり』68号　神奈川ふだん記　二〇〇九年

〈2〉——「大日本地誌体系㉑『新編相模国風土記稿』第三巻　雄山閣　一九九八年

〈3〉——『愛川町郷土誌』　愛川町　一九八二年

〈4〉——『神奈川県皇国地誌残稿』　神奈川県図書館協会郷土資料編集委員会　一九六四年

〈5〉——「愛川町文化財調査報告書『修験集落八菅山』」　慶応義塾大、宮家準研究室編　一九七八年

〈6〉——湯山学　『相模武士　四』　戎光祥出版　二〇一一年

〈7〉——新編日本古典文学全集53『曽我物語』　小学館　二〇〇二年

〈8〉——司馬遼太郎　『街道を行く　42——三浦半島記』　朝日新聞出版社　二〇〇九年

【第二章】

〈1〉——坂井孝一　『源頼朝と鎌倉』　吉川弘文館　二〇一六年

〈2〉——元木泰雄　『源頼朝』　中公新書　二〇一九年

〈3〉——五味文彦・本郷和人編　『現代語訳吾妻鏡』　吉川弘文館　二〇〇七年

〈4〉——『有鄰（第四八二号）』Ｗｅｂ版　有隣堂出版部　二〇〇八年

〈5〉——箱根神社　『箱根神社　信仰の歴史と文化』　日正社　一九八九年

〈6〉——髙橋秀樹編　『新訂吾妻鏡』　和泉書院　二〇一五年

【第三章】

〈1〉——高橋貞一　『平家物語諸本の研究』　富山房　一九四三年

〈2〉――『延慶本平家物語全注釈第二末（巻五）』　延慶本注釈の会、汲古書院　二〇一一年
〈3〉――田中幸江他訳『完訳源平盛衰記　四』　勉誠出版社　二〇〇五年

【第四章】

〈1〉――五来重『山の宗教　修験道案内』　角川文庫　二〇〇八年
〈2〉――飯田文弥ほか『山梨県の歴史』山川出版社　一九九九年
〈3〉――山梨県立博物館監修・西川広平編『甲斐源氏　武士団のネットワークと由緒』　戎光祥出版　二〇一五年
〈4〉――渡辺貢二『利根川高瀬舟』　崙書房出版　一九九〇年
〈5〉――網野善彦「太平洋の海上交通と紀伊半島」『伊勢と熊野の海』第三章　海と列島文化第八巻　小学館　一九九二年
〈6〉――五来重『熊野詣』　淡交新社　一九六七年
〈7〉――小島瓔禮「八菅山信仰史のエチュード」『やまゆり』87号　神奈川ふだん記　二〇一八年
〈8〉――松本赳「石橋山から真鶴まで」　頼朝会雑誌第九号　一九三三年

【第五章】

〈1〉――湯山学『相模武士　三』　戎光祥出版　二〇一一年
〈2〉――髙橋昌明『武士の日本史』　岩波書店
〈3〉――芹沢正憲『甲斐の廃れ路』　人物往来社　一九六四年
〈4〉――伊藤堅吉『道志七里』　道志村々史編纂史料蒐集委員会　一九五三年
〈5〉――『山梨県史民俗調査報告書』第六集　山梨県史編さん委員会　二〇〇一年
〈6〉――小島瓔禮「カワラノギクの生命の水」『かわら菊』六号　ＮＰＯ法人愛・ふるさと　二〇一五年
〈7〉――笹生浩樹『房総の頼朝伝説』　冬花社　二〇一三年
〈8〉――笹間良彦『弁才天信仰と俗信』　雄山閣　二〇一七年

〈9〉――中野敬次郎『石橋山合戦前後』小田原文庫　一九七六年
〈10〉――横道萬里雄他校注　日本古典文学大系41『謡曲集　下』岩波書店　一九六三年
〈11〉――雨宮久美『謡曲「石橋《しゃっきょう》」の総合的研究』勉誠出版　二〇一八年
〈12〉――『文書館だより文庫《ふみくら》』「源頼朝の死をめぐって」藤沢市文書館　22号（二〇一一年）、27号（二〇一三年）
〈13〉――根井浄『観音浄土に船出した人々』吉川弘文館　二〇〇八年
〈14〉――五味文彦『中世社会の始まり』岩波新書　二〇一六

参考文献

●『千葉妙見大縁起絵巻』千葉市立郷土博物館　ナカシャクリエイティブ　一九九五年
●原田哲夫著『相模大山』近代文芸社　一九九五年
●井沢元彦『逆説の日本史　中世動乱編』小学館文庫　二〇〇〇年
●高橋秀樹『三浦一族の中世』吉川弘文館　二〇一五年
●高橋一樹『東国武士団と鎌倉幕府』吉川弘文館　二〇一三年
●関幸彦編『相模武士団』吉川弘文館　二〇一七年
●山本幸司『頼朝の精神史』講談社　一九九八年
●奥富敬之『吾妻鏡の謎』吉川弘文館　二〇〇九年
●福田豊彦・服部幸造『源平闘諍録』（下）講談社　二〇〇〇年
●宮家準『役行者と修験道の歴史』吉川弘文館　二〇〇〇年
●福井周道「さがみ中津（乾）」『八菅のふだん記』第一号　足立原美枝子・橋本義夫編　一九七七年

◉城川隆生『丹沢の行者道を歩く』白山書房　二〇〇五年
◉石井謙治『図説和船史話』図説日本海事史話叢書1　至誠堂　一九八三年
◉服部清道『「江島縁起」考』横浜商大論集　別冊　一九七七年
◉関幸彦・野口実編『吾妻鏡必携』吉川弘文館　二〇〇八年
◉野家啓一『歴史を哲学する』岩波新書　二〇一六年
◉『歴史読本』「特集　頼朝挙兵！源氏の逆襲」昭和六一年四月号　新人物往来社　一九八六年
◉週刊ビジュアル日本の合戦No40『源頼朝と石橋山・富士川の合戦』講談社　二〇〇六年

あとがき

未知の世界を知りたい、探りたいという願望は、あらゆる人々が抱く共通の意識であろう。とりわけ私が長年職業として取り組んだことは、マーケティング・リサーチであった。やや誇張して言えば、現代人の意識と行動から一歩先の世界や状況を見通す作業なのである。これに対して歴史の考察は過去の出来事を探る作業といえる。時間軸を未来に向けるか過去に向けるかの違いはあるが、様々な情報や痕跡から、その時代の真実を手繰り寄せたいという気持ちとそれをとらえる方法には、共通するところがあったと思う。

本書を書くきっかけは、数年前、郷土愛川町のＮＰＯ組織が取り組む絶滅危惧種カワラノギクの保護活動に参加したことだった。

当ＮＰＯの小倉理事長が県の了解を得て中津川の河原の一角を整備し、カワラノギクの保護活動を始めたのは十数年前のこと。以来、会のメンバーは、一年を通して草取りなどの種の保護活動を行っている。この活動には地元の金融機関(相愛信用組合)が地域貢献活動の一環として毎年、夏期の炎天下のなかで参加していただいている。また、地元大学(松蔭大学など)の観光サークルは「観光と環境は車の両輪」という考えでボランティア活動に参加していただいている。

保護活動の課題は、活動の継続性だ。会のメンバーは高齢化が進み、先が読めない。

当NPOの初代理事長である琉球大学名誉教授の小島瓔禮先生は、一つの打開策としてカワラノギクを歴史的な視点でとらえ、その文化的・民俗学的な意義をNPOの会報等でたびたび発表してきた。カワラノギクが歴史的にみても愛川町の貴重な歴史資産であることを伝えることで、種の保存を呼びかけている。

あるとき小島先生は、私の姓も郷土に古くからあるもので『愛川町郷土誌』の平安時代の項に記録があると教えていただいた。

これらの愛川町での自然保護活動の経験と、そこで生まれた町の歴史への関心が揃わなければ、本書を書く機会は失われたままだったと思う。

本書を上梓できたのは、多くの方々のおかげである。

二十代の頃、広告やマーケティングの専門雑誌を机の上に山のように積み上げ、そこから提案型のレポート作りを指導していただいた後藤克彦さん(日経リサーチ創業者)には、大変お世話になった。マーケティング・リサーチの仕事を通して調べることの大切さと楽しさを学んだ。リタイア後、お誘いをしてくれた「NPO法人　愛・ふるさと」の理事長小倉大典さん、そのきっかけを作ってくれた故成井薫さんに感謝する。

小島瓔禮先生には、ご自宅でのNPOの会合の折々に、愛川町に伝わる歴史を教えていただいた。その後の執筆にあたっては、先生から貴重な蔵書を貸していただくなど構想や改善の視点を示していただいた。小島先生と奥様に深く感謝の意を表したい。

また、執筆の過程では、末吉行雄さんと石川洋一さんに多くのアドバイスをいただいた。出版に際しては編集を含めて冬花社の本多順子氏にたいへんお世話になった。お礼を申しあげる。

平成三十一年(二〇一九)四月

花上雅男

花上雅男◉はなうえ・まさお

昭和二十三年(一九四八年)、神奈川県愛甲郡愛川町生まれ。県立厚木高校卒。早稲田大学商学部卒。ナショナル宣伝研究所。株式会社日経リサーチ(旧　マーケティング・オペレーションセンター)。

現在――特定非営利活動法人　愛・ふるさと理事。一般社団法人　国際CCO(チーフ・コミュニケーション・オフィサー)交流研究所理事。株式会社日経リサーチ　社友。

１１８０石橋山
封印された頼朝の軌跡

二〇一九年九月十日　第一刷発行

著者……花上雅男

発行者……本多順子

発行所……株式会社　冬花社

〒二四八―〇〇一三
鎌倉市材木座四―五―六
電話　〇四六七―二三―九九七三
toukasha@nifty.com
http://www.toukasha.com

印刷・製本……シナノパブリッシングプレス

ISBN978-4-908004-37-7